지금 여기 대승찬

중국 양나라 지공선사 찬

해동후학 사문 준수 강설

도서출판 도반

지금 여기

지금 여기 대도가 있다. 나는 대도 안에서 매일 기분과 감정, 생각과 기억 속에서 의식을 가지고 기분을 알아차리고 감정을 느끼며, 생각을 인식하고 또는 지어낸다. 기억을 더듬으며 새로운 기억을 만든다.

기분은 내가 아니다. 나는 기분을 알아차리는 그다. 감정은 내가 아니다. 나는 감정을 느끼는 그다. 생각은 내가 아니다. 나는 생각을 떠올리고 그 생각을 인식하는 그다.

기억은 내가 아니다. 나는 기억을 더듬고 기억을 찾아서 여행하는 그다. 몸은 내가 아니다. 나는 거울을 통해 몸을 바라볼 수 있으며, 눈과 귀, 코와 혀 같은 기관을 통해 세상을 경험하는 그다. 경험은 내가 아니다. 나는 경험을 경험하는 그다.

그는 누구인가? 나는 다행히 아직 이 모든 것을 경험하고 생생하게 인식하는 의식이 있다. 의식이 없다면 나는 무엇을 할 수 있을까?

기분·감정·생각·기억 등 내부의 대상과 몸으로 감각하는 외부의 대상을 인식하고 경험하는 또렷한 의식이 지금 여기 있다. 그 분명한 의식이 바로 그며 대도이다.

이것을 명확하게 알면 기분이나 감정, 생각이나 기억 나아가 몸으로 감각 하는 일체 경험으로부터 지금 여기에서 한결 자유로워질 수 있다.

「대승찬」은 중국 양나라 지공誌公(418~514)대사의 6언4구 한시 형태로 전해 오는 법어이며, 제3조 승찬(?~606)대사의 「신심명」과 영가(665~713)대사의 「증도가」와 함께 3대 선시로 깨달음의 바른길을 곧장 보이는 널리 애송되는 법문이다.

큰 수레의 大乘은 큰 도의 大道이고, 큰 도의 대도는 큰 마음의 大心이며, 큰 마음의 대심은 큰 원력의 大願이고, 큰 원력의 대원은 큰 자비의 大悲이다.

큰 자비의 대비는 큰 포용의 大捨이고, 큰 포용의 대사는 큰 지혜의 大智이고, 큰 지혜의 대지는 큰 기쁨의 大喜이고, 큰 기쁨의 대희는 지금 여기서 큰 실천의 大行이 되어야 한다.

「대승찬」 쓰기와 외우기를 반복하면서 을사년 한 해를 회향하며, 한자 학습에 좋은 교재라 생각되어 곧은 길[大道]을 찾는 불심 장한 불자에게 공양하는 바이다.

화장찰해 선불장

法主 태안당 준수 洩

차 례

01송

大道常在目前
雖在目前難觀

밝은도는 언제나늘 지금여기 현존하네
비록지금 목전이나 바로보긴 어려워라

若欲悟道眞體
莫除聲色言語

밝은도의 참바탕을 깨닫기를 바란다면
소리빛깔 온갖언어 제거하려 하지말라

大道 [큰 대, 도 도]
常在目前 [항상 상, 있을 재, 눈 목, 앞 전]
雖在 [비록 수, 있을 재]
目前難觀 [눈 목, 앞 전, 어려울 난, 볼 관]

若欲 [만약 약, 하고자할 욕]
悟道眞體 [깨달을 오, 도 도, 참 진, 진리 체]
莫除 [말 막, 제거할 제]
聲色言語 [소리 성, 빛깔 색, 말씀 언, 언어 어]

눈앞에 도가 있다

큰 도는 눈앞에 있네
비록 눈앞에 있으나 보기는 어렵다.
만약 도의 참된 모습을 깨달으려면
소리와 색깔, 언어를 제거하지 말라.

제1송은 전체 게송의 총론으로 내가 찾는 도가 바로 눈앞에 있으며 눈앞에 있지만, 그것을 보기는 어렵다고 전제한 것이다.

그 이유는 소리와 빛깔, 언어에 미혹해서 그것이 전부라고 굳게 믿고 사는 인생이 많기 때문일 것이다. 大道란 결국 마음이다. 마음이 열리면 마음 아닌 것은 아무것도 없다.

그런데 도의 참된 모습을 깨달으려면 정작 道를 장애하는 소리와 빛깔, 언어를 제거해서는 안 된다는 것이다. 날마다 언제나 눈앞에 상대하는 소리와 온갖 빛깔 그리고 언어들 그것이 그대로 道라고 대승찬은 그렇게 시작한다.

02송

言語卽是大道
不假斷除煩惱

소리언어 그대로가 밝은도의 현현이니
굳이번뇌 끊어내길 가자하지 않는다네

煩惱本來空寂
妄情遞相纏繞

번뇌망상 본디부터 공적하여 고요하나
망정만이 번갈아서 드나들며 얽어맬뿐

言語	[말씀 언, 말 어]
卽是大道	[곧 즉, 이 시, 큰 대, 도 도]
不假	[아니 불, 빌릴 가]
斷除煩惱	[끊을 단, 제거할 제, 번뇌 번, 괴로울 뇌]

煩惱	[괴로울 번, 괴로울 뇌]
本來空寂	[근본 본, 본래 래, 빌 공, 고요 적]
妄情	[거짓 망, 마음작용 정]
遞相纏繞	[갈마들 체, 서로 상, 얽을 전, 두를 요]

번뇌는 본래 없다

언어가 그대로 큰 도이니
번뇌를 끊어 없애려 할 필요가 없다.
번뇌는 본래 비어 고요하지만
허망한 생각이 번갈아 서로 얽어맬 뿐이다.

먼저 언어가 있었고 뒤에 문자가 만들어진다. 언어가 道라면 문자가 어찌 道가 아닐까? 문제는 도를 찾아야 한다고 하는 데 있지 않을까?

道를 찾으려는 것이 도리어 번뇌를 이루고, 그 번뇌가 허망한 생각이 되어 눈앞에 있어야 할 道를 아득히 멀어지게 한다.

끊어야 할 번뇌는 본래 없어야 한다. 구해야 할 道가 있고 끊어야 할 번뇌가 있다고 생각하는 것이 바로 헛된 생각이 되어 번갈아 가며 나를 얽어맨다.

妄은 眞의 반대되는 말로 있다가 사라지고 마는, 수시로 오고 가는 생각을 망정이라 한다. 요놈이 망정이구나 알아차리기만 해도 어떨까.

03송

一切如影如響
不知何惡何好

세상만사 그림자와 메아리로 오가거늘
미워할건 무엇이며 좋아할건 무엇인가

有心取相爲實
定知見性不了

유심으로 상을취해 실답다고 일삼으면
견성하여 깨닫는건 어렵단걸 알것이라

一切 [하나 일, 온통 체]
如影如響 [같을 여, 그림자 영, 같을 여, 메아리 향]
不知 [아니 부, 알 지]
何惡何好 [무엇 하, 싫어할 오, 무엇 하, 좋아할 호]

有心 [있을 유, 마음 심]
取相爲實 [취할 취, 모양 상, 여길 위, 진실할 실]
定知 [결정 정, 알 지]
見性不了 [볼 견, 성품 성, 못할 불, 끝마칠 료]

유심으로 상을 취하면

모든 것이 그림자 같고 메아리 같네.
무엇을 싫어하고 무엇을 좋아할까?
마음을 가지고 모습을 취하여 실이라 하면
결정코 견성하지 못하리라는 것을 알라.

03송부터는 위의 망정을 쉬는 방편을 설하고 있다. 우선 일체 소리와 빛깔 언어 등 온갖 것이 그림자요 메아리 같아서 좋아할 것도 싫어할 것도 없는 사실을 받아들여야 한다.

그렇지 못하고 마음으로 내어 모양을 따라 진실이라고 여기면, 결코 끝내 見性 하지 못하리라는 것을 인정해야 한다.

有心은 09송에 나오는 無心의 반대어로 망정을 일으키는 제일 조건이 된다. 산은 산, 물은 물, 소리는 소리, 빛깔은 빛깔, 온갖 언어 속에 살면서도 경계에 무심할 수 있으면 見性 하지 못할 것을 어찌 염려하리오.

'見性'이란 마음의 본성을 말한다. 경계를 따라 수시로 변하는 마음이 있고, 수시로 변하는 그 이면에 변하지 않는 본성이 있다.

04송

若欲作業求佛

業是生死大兆

업을지어 부처되길 구하고자 한다면은

그런업이 생과사에 오고가는 징조라네

生死業常隨身

黑闇獄中未曉

오고가는 생사업은 이육신을 따르나니

흑암지옥 빠져들어 깨어나기 아득하리

若欲	[만약 약, 하고자할 욕]
作業求佛	[지을 작, 업 업, 구할 구, 부처 불]
業是	[업 업, 이 시]
生死大兆	[날 생, 죽을 사, 큰 대, 조짐 조]

生死	[생사]
業常隨身	[업 업, 항상 상, 따를 수, 몸 신]
黑闇	[검을 흑, 어두울 암]
獄中未曉	[지옥 옥, 가운데 중, 아닐 미, 깨칠 효]

생사의 큰 조짐

업을 지어 부처를 구하지만
업은 나고 죽음에 큰 조짐이다.
생사에는 업이 항상 몸을 따르니
깜깜한 감옥에서 아직도 깨어나지 못하네.

유심으로 相을 취하여 진실이라 여기고, 일체가 그림자나 메아리 같은 사실을 알지 못하여 부처를 구하면 모두가 업을 짓는 결과가 된다.

업이란 결국은 생사의 큰 조짐으로 중생이 나고 죽는 업이 늘 몸을 따르게 되어 깜깜하게 어두운 몸에 갇혀 아직도 깨어나지 못하게 한다.

02송의 妄情, 03송의 有心, 그리고 본송의 作業이 생사로 이어지고 있다. '未曉'의 未는 미래 부정으로 아직 새벽을 맞이하지 못하고 있는 상태를 말한다.

02송의 道, 惱, 繞 03송의 好, 了 04송의 兆, 曉 05송의 早, 小 06송의 飽가 모두 상성으로 같은 운을 이룬다.

05송

悟理本來無異
覺後誰晚誰早

깨달음과 본진리는 본래부터 하나여서
깨달아서 알고보면 늦고빠름 따로없네

法界量同太虛
衆生智心自小

진여법계 무량경계 우주같아 끝없거늘
중생들의 지혜마음 제스스로 작게하네

悟理 [깨달을 오, 이치 리]
本來無異 [근본 본, 본래 래, 없을 무, 다를 이]
覺後 [깨달을 각, 뒤 후]
誰晚誰早 [누구 수, 늦을 만, 누구 수, 이를 조]

法界 [법 법, 세계 계]
量同太虛 [양 량, 같을 동, 클 태, 허공 공]
衆生 [많을 중, 중생 생]
智心自小 [지혜 지, 마음 심, 스스로 자, 작을 소]

누가 늦고 누가 이른가

진리를 깨달으면 본래 차이가 없으니
깨달은 뒤에 누가 늦고 누가 빠르겠는가?
법계의 크기는 태 허공과 같은데
중생의 지혜 마음이 스스로 작을 뿐이다.

生死에는 업과 몸이 따르므로 천차만별의 차별이 있으나 이치를 깨달으면 어떤 차이도 없다. 따라서 깨달은 뒤에는 누가 늦고 누가 이른지 격차가 사라지는 것이다.

법의 세계 즉 법계는 그 범위가 태 허공과 같아서 모자람도 남음도 없는데 중생의 지혜 마음은 턱없이 작아 깨달음이 아득히 멀다.

왜 그럴까? 소리와 색깔, 언어, 문자의 경계에 갇혀서 有心으로 相을 망정으로 취하여 진실이라고 잘못 알고 있기 때문이다.

지혜의 마음을 키워야 한다. 소리와 색깔, 언어와 문자가 그대로 道라는 큰 이치를 수용하고 명상하며 자아의 한계를 초월해야 한다.

06송

但能不起吾我
涅槃法食常飽
다만능히 나란생각 일으키지 않는다면
열반언덕 법식으로 언제나늘 충만하리

妄身臨鏡照影
影與妄身不殊
허망한몸 거울앞에 그림자를 비춰보면
그림자와 헛된몸이 다르지가 않지만은

但能	[다만 단, 능할 능]
不起吾我	[아니 불, 일으킬 기, 나 오, 나 아]
涅槃	[열반]
法食常飽	[법 법, 밥 식, 언제나 상, 배부를 포]

妄身	[거짓 망, 몸 신]
臨鏡照影	[임할 임, 거울 경, 비출 조, 그림자 영]
影與	[그림자 영, ~과 여]
妄身不殊	[거짓 망, 몸 신, 아니 불, 다를 수]

거울에 비친 그림자

다만 나라는 망정만 일으키지 않으면
열반의 진리 음식으로 항상 배가 부르리라.
허망한 몸을 거울에 그림자로 비추면
그림자와 허망한 몸이 다르지 않다.

본송의 4구 가운데 1,2구는 05송의 결론에 해당하나 게송을 4구씩 나누다 보니 3,4구와 한 짝이 되었다.

3,4구 이하에서 08송 1,2구까지는 그 주제가 妄身과 거울에 비친 그림자로 예를 들어 몸과 그림자 모두 본래 허망한 것임을 밝히고 있다.

02송 妄情纏繞, 03송 取相爲實, 04송 生死業身의 몸은 본래 허망한 것이다. 왜냐하면, 거울에 비친 그림자와 같이 잠시 있다가 없어지고 마는 존재이기 때문이다.

妄情 · 有心 · 作業 · 生死 · 妄身 그리고 거울 속의 그림자가 모두 큰 道라는 이치 위에서 펼쳐지는 영상의 파노라마라고 명상하라!

07송

但欲去影留身
不知身本同虛

거울영상 제거하고 몸만남겨 두려하면
이몸본래 허상인줄 분명알지 못함이라

身本與影不異
不得一有一無

몸은본래 그림자와 다르지가 않거니와
하나만을 없애고서 다른하나 둘수없네

但欲	[다만 단, 하고자할 욕]
去影留身	[버릴 거, 그림자 영, 남길 류, 몸 신]
不知	[아니 부, 알 지]
身本同虛	[몸 신, 본래 본, 같을 동, 허공 허]

身本	[몸 신, 본래 본]
與影不異	[~와 여, 그림자 영, 아니 불, 다를 이]
不得	[아니 불, 얻을 득]
一有一無	[한 일, 있을 유, 한 일, 없을 무]

그림자와 몸은 같다

다만 그림자는 버리고 몸만 남기려 하면
몸이 본래 허공과 같은 줄 모르는 것이다.
몸은 본래 그림자와 다르지 않으니
하나는 두고 하나는 없게 할 수가 없다.

허망한 몸을 거울에 비추어 거울 속에 나타난 그림자를 예를 들어서 몸도 그림자처럼 본래 허망하다는 사실을 말하는 것이다.

몸이건 그림자건 본래 형상이 없는 허공과 같다. 그러므로 몸은 두고 그림자만 없게 할 수가 없다. 몸과 그림자가 다르지 않기 때문이다.

몸은 큰 道를 장애 하는 가장 큰 원인이다. 몸뿐만 아니라 마음 또한 그렇다. 눈앞에 있는 큰 道를 보기 위해서는 몸과 마음의 실상을 사실대로 아는 것이 매우 중요하다.

선사의 이러한 논리를 따라가면서 몸과 망정 그리고 마음에 대한 그동안에 형성한 고정된 관념을 과감히 인정할 필요가 있다.

08송

若欲存一捨一
永與眞理相疎

하나두고 다른하나 버리고자 한다면은
영원토록 진리와는 서로멀어 질뿐이라

更若愛聖憎凡
生死海裏沈浮

다시성인 좋아하고 중생범부 마다하면
생사바다 물결속에 부침하며 오가리라

若欲 [만약 약, 하고자 할 욕]
存一捨一 [둘 존, 한 일, 버릴 사, 한 일]
永與 [영원히 영, ~와 여]
眞理相疎 [참 진, 이치 리, 서로 상, 멀어질 소]

更若 [다시 갱, 만약 약]
愛聖憎凡 [좋아할 애, 성인 성, 싫어할 증, 범부 범]
生死 [날 생, 죽을 사]
海裏沈浮 [바다 해, 속 리, 잠길 침, 뜰 부]

이것과 저것을 다 놓아라

만약 하나는 두고 하나는 버리려 하면
영원히 진리와 서로 멀어질 것이다.
다시 성인을 좋아하고 범부를 싫어하면
생사의 바다 속에 부침하게 될 것이다.

몸과 거울에 비친 그림자 그 가운데 몸은 두고 그림자만 버리려 하면 진리와는 영원히 만나지 못한다.

거울에 비친 그림자가 본래 허망한 것이라는 사실은 쉽게 인정할 수 있을 것이다. 그러나 철석같이 믿는 이 몸까지도 그림자와 다르지 않다는 것을 어떻게 인정할 수 있을까?

진리인 道 가운데에는 본래 허망한 어떤 물건도 없다. 다만 몸이 진실일 것이라는 철석같은 망정만 알아차리면 된다.

성인은 몸에 해당하고 범부는 그림자에 속한다. 하나는 좋아하고 다른 하나는 싫어하면 나고 죽는 생사의 바다에 끝없이 헤맬 것이다.

09송

煩惱因心有故
無心煩惱何居

온갖번뇌 마음으로 인하여서 생기나니
마음마저 없는데야 번뇌어찌 있겠는가

不勞分別取相
自然得道須臾

수고로이 상을취해 분별하지 않는다면
자연스레 머지않아 도를얻어 이루리라

煩惱	[번거로울 번, 괴로울 뇌]
因心有故	[인할 인, 마음 심, 있을 유, 연고 고]
無心	[없을 무, 마음 심]
煩惱何居	[번뇌, 어디 하, 살 거]

不勞	[아니 불, 수고로울 로]
分別取相	[나눌 분, 다를 별, 취할 취, 모양 상]
自然	[스스로 자, 그러할 연]
得道須臾	[얻을 득, 도 도, 잠시 수, 잠깐 유]

번뇌가 어디에 있을까

번뇌는 마음으로 인하여 있기에
마음이 없으면 번뇌가 어디에 있을까?
수고로이 분별하여 상을 취하지 않으면
저절로 잠깐 사이에 도를 얻게 되리라.

妄情 · 有心 · 作業 · 生死 · 妄身에 이어 煩惱다. 心으로 인하여 일어나지 않는 것이 무엇이 있으랴? 有心이 아니라 無心할 수 있으면 온갖 번뇌가 어디에 머물겠는가?

번뇌란 무엇일까? 마음으로 생각을 내어 바깥 相을 취하여 분별하고 판단하려는 것이다. '分別取相' 사실 분별하고 판단하며 相을 취하는 일이 보통 사람이 하는 일상이라 굳이 수고로울 것도 없다.

하지만 모든 번뇌가 分別取相으로 일어나는 것이라면 심각하게 수고로운 일이 된다. 또 수고롭다고 알아차려야 한다. 그리고 잠시 분별하는 마음을 내려놓으면 자연스레 잠깐 사이에 道를 얻을 수도 있다.

10송

夢時夢中造作
覺時覺境都無

꿈꿀때는 꿈속에서 온갖대궐 지었어도
깨어나서 보더라도 모든경계 전혀없네

翻思覺時與夢
顚倒二見不殊

깼을때와 꿈속경계 번갈아서 생각하니
뒤집힌건 두견해가 다르지가 않는구나

夢時	[꿈 몽, 때 시]
夢中造作	[꿈 몽, 가운데 중, 지을 조, 지을 작]
覺時	[깨어있을 각, 때 시]
覺境都無	[깰 각, 경계 경, 모두 도, 없을 무]

翻思	[번갈아 번, 생각 사]
覺時與夢	[깰 각, 때 시, ~과 여, 꿈꿀 몽]
顚倒	[뒤집을 전, 거꾸로 도]
二見不殊	[두 이, 견해 견, 아니 불, 다를 수]

꿈과 생시가 다르지 않다

꿈을 꿀 때는 꿈속에서 조작하지만
깨어있을 때는 깬 경계가 전혀 없다.
깰 때와 꿈꿀 때를 번갈아 생각해 보면
전도된 것은 두 상황이 다르지 않다.

본 송은 꿈꿀 때와 깨어있는 생시를 가지고 모두 '顚倒' 즉 뒤집힌 것은 매한가지라는 사실을 말하고 있다.

마치 07송의 망신과 그림자의 경우처럼, 꿈을 꾸고 있을 때와 깨어있을 때를 번갈아 생각해 보면 두 견해가 모두 전도되어 다르지 않다는 것이다.

꿈만 꿈이 아니라 생시에 사는 모두가 사실 꿈 아닌 것이 없다. 이러한 사실을 알아차릴 때 03송의 取相爲實, 08송의 存一捨一, 愛聖憎凡 09송의 分別取相 하는 어리석음을 줄일 수 있다.

06송의 결구에 殊, 07송의 虛, 無 08송의 疎, 浮 09송의 居, 臾 10송의 無, 殊 11송의 徒, 如 12송의 疎, 餘가 다 평성으로 운이 같다.

11송

改迷取覺求利
何異販賣商徒

미혹벗고 깨침얻어 어떤이익 추구하면
물건파는 장사꾼과 그무엇이 다를손가

動靜兩亡常寂
自然契合眞如

동정경계 없어져서 언제나늘 고요하면
자연스레 진여법계 계합하여 이루리라

改迷	[고칠 개, 미혹할 미]
取覺求利	[취할 취, 깨달음 각, 구할 구, 이익 이]
何異	[어찌 하, 다를 이]
販賣商徒	[팔 판, 살 매, 상인 상, 무리 도]

動靜	[움직일 동, 고요할 정]
兩亡常寂	[둘 양, 없어질 망, 항상 상, 고요 적]
自然	[스스로 자, 그러할 연]
契合眞如	[맺을 계, 합할 합, 참 진, 같을 여]

깨달음을 구하지 말라

미혹을 고쳐서 覺을 구하여 利를 구하면
장사꾼이 판매하는 것과 무엇이 다르랴?
動과 靜 둘이 다 없어 늘 고요하면
자연스레 진여에 딱 맞아 계합하리라.

고쳐야 할 미혹이 없고 구해야 할 깨달음도 없으며, 미혹의 움직임과 깨달음의 고요도 본래 없는 사실을 수긍하고 인정하면 그대로 진여이다.

어쩌면 우리는 이미 大道 · 法界 · 涅槃 · 眞理 그리고 眞如 그 안에 살고 있다. 하지만 그러한 사실을 누구에게 듣거나 어디에서 보거나 아직도 알아차리지 못했다면 조금 더 애를 써야 한다.

날마다 다르게 돌아가는 번잡한 세속의 인연에서 벗어나 여유와 한가로운 절집에 인연 되어 매일 고요한 아침을 맞이하는 출세간의 길에서 이러한 고승의 말씀을 대할 수 있는 것은 수많은 생에 쌓은 선근 인연일 것이다. 발심하고 예불하며 참회하고 공양하며, 수희하고 찬탄하며 수지 독송으로 진여에 노닐라.

12송

若言衆生異佛
迢迢與佛常疎

만일다시 중생부처 다르다고 여긴다면
아득하게 부처와는 인연할길 없으리라

佛與衆生不二
自然究竟無餘

부처중생 본성품이 서로둘이 아니어서
자연스레 구경에는 남은여지 없으리라

若言 [만약 약, 말씀 언]
衆生異佛 [중생, 다를 이, 부처 불]
迢迢 [멀 초, 아득할 초]
與佛常疎 [~과 여, 부처 불, 항상 상, 생소할 소]

佛與 [부처 불, ~와 여]
衆生不二 [중생, 아닐 불, 두 이]
自然 [스스로 자, 그럴 연]
究竟無餘 [마칠 구, 끝 경, 없을 무, 남을 여]

12송

若言衆生異佛
迢迢與佛常疎

만일다시 중생부처 다르다고 여긴다면
아득하게 부처와는 인연할길 없으리라

佛與衆生不二
自然究竟無餘

부처중생 본성품이 서로둘이 아니어서
자연스레 구경에는 남은여지 없으리라

若言 [만약 약, 말씀 언]
衆生異佛 [중생, 다를 이, 부처 불]
迢迢 [멀 초, 아득할 초]
與佛常疎 [~과 여, 부처 불, 항상 상, 생소할 소]

佛與 [부처 불, ~와 여]
衆生不二 [중생, 아니 불, 두 이]
自然 [스스로 자, 그럴 연]
究竟無餘 [마지막 구, 끝 경, 없을 무, 남을 여]

중생과 부처는 둘이 아니다

만약 중생과 부처가 다르다고 말하면
가마득히 부처와는 또 멀어진다.
부처와 중생은 원래 둘이 아니니
자연스레 구경에 이르도록 남음이 없다.

01송 대도와 성색, 02송 번뇌와 망정, 03송 취상과 견성, 04송 작업과 생사, 05송 법계와 중생, 06송 열반과 망신, 08송 애성과 증범, 10송 꿈속과 생시, 11송 상도와 진여 등이 짝을 이루어 '취상위실, 분별취상'하는 분별심과 취사심을 알아차리도록 사실을 밝히고 있다.

본 송은 중생과 부처를 들어서 수고로이 분별해서 상을 취하지 말 것을 밝힌다.

어떤 이는 '게송을 외우고 글을 안다고 견성을 하거나 득도를 하거나 진여에 계합하는 것은 아니다'라고 말하지만, 01송과 02송에서 소리와 빛깔 언어 문자가 그대로 대도임을 선언하신 선사의 말씀을 익힘에 무슨 장애가 있겠는가? 알아야 깨인다. 참된 법을 기억해야 한다.

13송

法性本來常寂
湯湯無有邊畔

법의본성 본래부터 언제나늘 고요해서
탕탕하게 넓고넓어 가장자리 없건마는

安心取捨之間
被他二境回換

취사하는 그사이에 마음두고 있다면은
취와사의 두경계에 돌아가며 휘말리리

法性 [법 법, 본성 성]
本來常寂 [근본 본, 본래 래, 항상 상, 고요 적]
湯湯 [막힘없을 탕,탕]
無有邊畔 [없을 무, 있을 유, 가 변, 경계 반]

安心 [둘 안, 마음 심]
取捨之間 [취할 취, 버릴 사, ~의 지, 사이 간]
被他 [입을 피, 저 타]
二境回換 [두 이, 경계 경, 되돌릴 회, 바꿀 환]

법의 본성은 늘 고요하다

모든 법의 본성은 늘 고요해서
넓고 넓어 그 가장자리가 없다.
마음을 취하고 버리는 사이에 두면
저 두 경계가 번갈아 오고 감을 받게 된다.

본 송의 畔과 換, 14송의 觀과 岸, 15송의 散과 汗 그리고 16송의 散까지는 거성으로 다 같은 운을 이룬다.

법성은 본래 언제나 고요해서 탕탕하게 넓어 邊畔변반 끝이나 가장자리가 없다. 그런데 중생은 늘 취하고 버리는 이분법의 사이에서 놀아난다.

3구의 安心의 安은 편안할 안이 아니라 둔다는, 즉 안치할 안 자이다. 취사하고 분별하는 그 경계에 마음을 두면 취할 때는 취하는 경계에 놀아나고 버릴 때는 버리는 경계에 놀아나게 된다.

4구의 被는 被害 즉 해를 받다, 또는 해를 입다라는 말로 다시 말하면 양 경계에서 나도 모르게 놀아난다는 글자이다.

14송

斂容入定坐禪
攝境安心覺觀

몸가짐을 단속하고 입정좌선 하려거나
바깥경계 거두어서 각관에다 마음두어

機關木人修道
何時得達彼岸

기관으로 움직이는 목인처럼 수도하면
어느때에 깨달아서 저언덕에 이르리요

斂容	[거둘 렴, 몸가짐 용]
入定坐禪	[들 입, 정 정, 앉을 좌, 참선 선]
攝境	[거둘 섭, 경계 경]
安心覺觀	[안치할 안, 마음 심, 살필 각, 볼 관]
機關	[기틀 기, 장치 관]
木人修道	[나무 목, 사람 인, 닦을 수, 도 도]
何時	[어느 하, 때 시]
得達彼岸	[얻을 득, 도달할 달, 저 피, 언덕 안]

꼭두각시가 도를 닦다

외모를 거두어 선정에 들고 좌선하거나
경계를 거두고 마음을 알아차림에 두면
기관으로 된 나무 사람이 도를 닦는 격이라
어느 때에 피안에 도달하랴?

사람을 만나고 옷을 입고 밥을 먹고 차를 마시는, 있는 그대로 그 삶이 대도의 묘용이다. 굳이 외모를 단정히 거두거나 꼭 선정에 들어 좌선하는 것만이 정해진 득도의 방편은 아니다.

어느 특정 행위만을 禪이라 하면 벌써 어긋나듯이 이러한 망정으로 공부를 하면 마치 기관으로 움직이는 나무 사람이 도를 닦는 격이라 어느 때에 피안에 도달하겠느냐는 반문이다.

사람으로 태어나서 어릴 때 말을 배우고 차츰 글을 배우듯이 사실은 배우지 않고는 알 수 없는 것이 많다. 특히 이치를 담고 있는 문자는 인연을 만들어 배우는 것도 좋을 것이다.

15송

諸法本空無著
境似浮雲會散
모든법은 본공이라 집착할것 못되나니
바깥경계 구름같아 모였다가 흩어지네

忽悟本性元空
恰似熱病得汗
홀연문득 본자성의 공한이치 깨치면은
흡사마치 열병앓다 땀나듯이 시원하리

諸法 [모두 제, 법 법]
本空無著 [본래 본, 공 공, 없을 무, 집착 착]
境似 [경계 경, 같을 사]
浮雲會散 [뜰 부, 구름 운, 모일 회, 흩어질 산]

忽悟 [문득 홀, 깨달을 오]
本性元空 [근본 본, 성품 성, 원래 원, 공 공]
恰似 [마치 흡, 같을 사]
熱病得汗 [뜨거울 열, 병 병, 얻을 득, 땀 한]

모든 법은 원래 공성이다

모든 법은 원래 비어서 집착할 것이 없고
경계는 뜬구름처럼 모였다가 흩어지고 만다.
문득 만법의 공한 본성을 깨달으면
마치 열병에 걸린 사람이 땀을 낸 것과 같다.

心과 境, 人과 法 이러한 글자의 개념을 명확히 알 필요가 있다. 心은 人을 통해서 그 기능이 가능하고, 境은 人을 만나서 法이 된다.

흔히 心이 人을 부린다고 할 수 있겠지만 정확히는 人이 心을 사용한다고 해야 한다. 물론 무지한 경우 心이 人을 몰아 업을 짓는 경우가 많겠지만 사실은 사람이 마음을 잘 못 사용하기 때문에 악업을 짓는 것이다.

쉽게 말해 心이 상대하는 境은 아직 개념과 관념이 붙지 않은 순수 대상이라면 사람이 마음으로 境을 인식하게 되면 개념과 관념이 발생하게 되는데 이것을 法이라 한다.

사람이 境을 마음으로 인식해서 그 境이 가진 개념을 가지고 마음속에 관념을 만든다.

16송

無智人前莫說
打爾色身星散

무지한의 사람에겐 이런도리 말을마라
온색신이 맞은듯이 산산조각 흩어지리

無智 [없을 무, 지혜 지]

人前莫說 [사람 인, 앞 전, 말 막, 설할 설]

打爾 [때릴 타, 그 이]

色身星散 [색 색, 몸 신, 별 성, 흩어질 산]

무지한 사람에게 설하지 말라

지혜가 없는 사람에게는 설하지 말라.
몽둥이로 맞은 듯이 온몸이 흩어지리라.

앞의 15송의 결구에 열병에 걸린 사람이 마치 땀을 낸 경우와 같다는 말은 비유를 들어 말한 것이다. 과거에는 장티푸스라는 질환이 있어서 땀을 내지 못하면 중병에 시달리는 일이 있었다.

화두가 일념이 되어 똘똘 뭉쳐, 마치 중병에 시달리는 사람처럼 앞도 캄캄하고 뒤도 캄캄하여 진퇴양난의 경계에 있을 때 문득 화두의 의문이 풀리는 과정을 이렇게 비유한 것이다.

그러나 지혜가 없는 상 속인에게는 이런 이치가 어떻게 통하겠는가? 출가 사문으로 배우기를 멀리하고 천상의 즐거움에 취해 오늘 하루를 허비하면 풍요 속에 빈곤을 면하기 어려울 것이다.

날마다 불전에 올리는 일상의 의식이 바로 나를 일깨우는 죽비가 되어야 한다. 하루하루가 향상으로 나아가는 깨인 방편이 되어야 한다.

17송

報爾衆生直道
非有卽是非無

중생에게 바른도를 곧장일러 줄양이면
있지않음 그대로가 없지않음 도리이니

非有非無不二
何須對有論虛

있지않음 없지않음 둘이될수 없음이라
어찌있음 상대하여 없음만을 논하리요

報爾 [알릴 보, 그 이]

衆生直道 [중생, 곧장 직, 이를 도]

非有 [아닐 비, 있을 유]

卽是非無 [곧 즉, 즉시 시, 아닐 비, 없을 무]

非有 [아닐 비, 있을 유]

非無不二 [아닐 비, 없을 무, 아니 불, 두 이]

何須 [어찌 하, 모름지기 수]

對有論虛 [대할 대, 있을 유, 논할 논, 빌 허]

유와 무를 들어 말하다

중생에게 곧장 도를 일러줄 양이면
유가 아닌 것이 곧 무가 아닌 것이다.
유와 무가 본래 둘이 아니기 때문이니
무엇하려 있음을 가지고 없음을 논하랴?

그대 중생에게 直道를 말해 주겠다. 사실 유가 아닌 것이 곧 무가 아닌 것이다.
'非有' 있는 것이 아니라는 말은 無, 즉 없다는 것이고, '非無' 없는 것이 아니라는 말은 有, 즉 있다는 말이다.

말을 왜 이렇게 어렵게 했을까 싶겠지만 우선 글자 수를 맞춘 것이고, 다음에는 그 논리가 숨어있기 때문이다.

有와 無라 하면 간단한 논리지만, 非有와 非無라 하면 이중 삼중에 논리가 숨어 있다.

결론은 有건 無건 非有건 非無건 양변의 논리를 벗어나야 한다. 없음을 논하기 위해서 굳이 있음을 가져올 필요가 없다는 말이다. 제법은 모두 공하다.

18송

有無妄心立號
一破一箇不存

유무니 상대경계 망심으로 이름세워
어느하나 깨뜨리면 한개마저 사라지네

兩名由爾情作
無情卽本眞如

두이름은 망정으로 인하여서 지었으니
망정마저 없어지면 그대로가 진여로다

有無 [있을 유, 없을 무]
妄心立號 [허망할 망, 마음 심, 세울 립, 이름 호]
一破 [한 일, 깨질 파]
一箇不存 [한 일, 낱 개, 아니 불, 있을 존]

兩名 [둘 양, 이름 명]
由爾情作 [말미암을 유, 그 이, 망정 정, 지을 작]
無情 [없을 무, 망정 정]
卽本眞如 [곧 즉, 본래 본, 참 진, 같을 여]

18송

有無妄心立號

一破一箇不居

유니무니 상대경계 망심으로 이름세워

어느하나 깨뜨리면 한개마저 사라지네

兩名由爾情作

無情卽本眞如

두이름은 망정으로 인하여서 지었으니

망정마저 없어지면 그대로가 진여로다

有無 [있을 유, 없을 무]

妄心立號 [헛될 망, 마음 심, 세울 입, 이름 호]

一破 [한 일, 깰 파]

一箇不居 [한 일, 낱 개, 아니 불, 남을 거]

兩名 [둘 양, 이름 명]

由爾情作 [말미암을 유, 그 이, 망정 정, 지을 작]

無情 [없을 무, 망정 정]

卽本眞如 [곧 즉, 본래 본, 참 진, 같을 여]

망심으로 이름을 짓다

있음과 없음은 결국 망심으로 세운 것이니
하나가 사라지면 나머지 하나도 없다.
이름이란 망정으로 인하여 있을 뿐이요
망정이 없으면 그대로 진여이다.

앞의 17송과 본 송은 有와 無라는 對句를 가지고 양쪽이 모두 본래 공하다는 사실을 증명하고 있다. 다만 有니 無니 하는 이름은 사람이 망심으로 망정을 내어 세우고 짓는 것이다.

'無情' 즉 망정이 없는 것이 그대로 진여라는 말은 다음 송으로 이어진다. 사람[人]은 마음[心]과 몸[身]을 가지고 산다.

하나인 마음을 진여심과 생멸심 둘로 구분을 하는데 여기서 진여심은 眞心 참된 마음이고, 생멸심은 妄心 즉 허망한 마음이다.

허망한 마음인 망심은 妄情을 낳을 것이고, 진심인 참마음은 眞情을 낳을 것이니 수행하는 사람은 언제라도 진정성이 확보되어야 한다.

19송

若欲存情覓佛
將網山上羅漁
망정속에 있으면서 진여불성 찾는다면
산위에다 그물던져 물고기를 낚음이라

徒費功夫無益
幾許枉用功夫
애만쓸뿐 공부에는 전혀이익 없으리니
얼마동안 그릇되이 헛공부만 하였던고

若欲 [만약 약, 하고자할 욕]
存情覓佛 [가질 존, 망정 정, 찾을 멱, 부처 불]
將網 [가질 장, 그물 망]
山上羅漁 [산 산, 위 상, 그물 라, 고기 어]

徒費 [한갓 도, 소비할 비]
功夫無益 [힘쓸 공, 공부 부, 없을 무, 이익 익]
幾許 [얼마나 기, 얼마쯤 허]
枉用功夫 [그릇될 왕, 쓸 용, 공부]

진정한 공부를 하라

만약 망정을 두고 부처를 찾으려 하면
그물을 가지고 산에서 고기를 잡는 격이라.
힘만 소비할 뿐 무익한 공부이니
많은 시간을 잘못된 공부에 힘쓸 뿐이다.

날마다 한결같은 마음인 진여심에 머물면 얼마나 좋을까? 그런데 마음은 자기 자성을 지키지 못하고 외부 경계를 따르는 속성을 가지고 있다.

의상조사 「법성게」에 '不守自性 隨緣成'이 바로 그것이다.

경계를 따르면 심리의 말단 작용인 기분의 쾌와 불쾌가 따르고, 기분의 쾌 불쾌를 직접 관장하는 감정의 好와 不好가 생기게 마련이다.

수행이란 기분의 쾌와 불쾌 그리고 감정의 호와 불호, 나아가 생각의 미세한 흐름과 과거에 저장된 기억에서 깨어있어야 하고, 現行과 種子, 훈습과 습기 등 심리를 이루고 있는 요인을 명확하게 파악하는 것이다.

20송

不解卽心卽佛
眞似騎驢覓驢

있는마음 그대로가 부처임을 모른다면
당나귀를 타고서도 당나귀를 찾음같네

一切不憎不愛
遮箇煩惱須除

일체것에 증오하고 애착하지 않는다면
이것이곧 온갖번뇌 제거하는 묘약이라

不解 [아니 불, 알 해]

卽心卽佛 [곧 즉, 마음 심, 그대로 즉, 부처 불]

眞似 [참 진, 같을 사]

騎驢覓驢 [탈 기, 당나귀 려, 찾을 멱, 당나귀 려]

一切 [한 일, 모두 체]

不憎不愛 [아니 부, 미워할 증, 아니 불, 사랑할 애]

遮箇 [이 차, 낱 개]

煩惱須除 [번뇌 번, 괴로울 뇌, 마땅히 수, 없앨 제]

분명히 알아야 한다

마음이 곧 부처임을 알지 못하면
참으로 나귀를 타고 나귀를 찾는 격이라
일체에 싫어하거나 좋아하지 않으면
이것이 번뇌를 없애는 지름길이다.

17송의 無와 虛, 18송의 居와 如, 19송의 漁와 夫, 본송의 驢와 除가 평성으로 같은 운이다.

어떤 일을 하거나 길을 가려고 할 때 그에 대하여 충분한 지식을 갖추면 모르고 덤비는 어리석음을 면하게 된다.

마음이 그대로 부처이다. 이 말은 삼척동자도 알 정도로 상식이 되었다. 마음은 늘 내가 사용하는 물건이 아닌가? 마음은 참으로 묘한 물건이다. 내가 야무지게 주인이 되지 못하면 마음은 늘 나를 부린다.

사실은 마음이라는 것도 본래 없는 물건이다. 그저 있다는 관념에 의해 있을 뿐이니 모든 관념을 내지 않으면 마음에서 자유를 얻는다.

20-2송

一切如影如響
不知何惡何好

세상만사 그림자와 메아리로 오가거늘
미워할건 무엇이며 좋아할건 무엇인가

一切不憎不愛
遮箇煩惱須除

일체것에 증오하고 애착하지 않는다면
이것이곧 온갖번뇌 제거하는 묘약이라

一切	[하나 일, 온통 체]
如影如響	[같을 여, 그림자 영, 같을 여, 메아리 향]
不知	[아니 부, 알 지]
何惡何好	[무엇 하, 싫어할 오, 무엇 하, 좋아할 호]

一切	[한 일, 모두 체]
不憎不愛	[아니 부, 미워할 증, 아니 불, 사랑할 애]
遮箇	[이 차, 낱 개]
煩惱須除	[번뇌 번, 괴로울 뇌, 마땅히 수, 없앨 제]

명확히 알아야 한다

모든 것이 그림자 같고 메아리 같다.
무엇을 싫어하고 무엇을 좋아할까?
일체에 싫어하고 좋아하지 않으면
이것이 번뇌를 없애는 지름길이다.

흔한 지식도 사실에 근거해서 분명하게 나아가 명확하게 알면 지혜를 이룬다. 03송의 1,2구와 20송의 3,4구는 가장 확실하게 번뇌를 줄이는 지혜이다. 일체가 그림자 같고 메아리 같다는 비유는 모든 경전에서 밝히는 바이다. 이것은 참으로 사실이다. 싫어할 건 무엇이며 좋아할 건 무엇일까?

20송 4구의 '遮箇자개'라는 말은 이것이라는 대명사이다. '차개'라 쓰고, 소리는 '자개'라고 읽는다. 일체 모든 경계에 싫어하고 좋아하는 심리가 적을수록 거친 번뇌는 줄어든다. 망정 · 생사 · 업 · 몸 · 번뇌 내가 명확히 사실대로 알고 그것에 짬을 주지 말아야 한다.

이것이 바로 나도 모르게 일어나는 번뇌에서 자유로워지는 묘약이다. 본 송의 3,4구는 바로 앞 20송의 3,4구를 반복해서 둔 것이다.

21송

除之則須除身

除身無佛無因

번뇌망상 제거하면　몸을제거 함이되고

허망한몸 사라지면　부처이룰 원인없네

無佛無因可得

自然無法無人

이루어야 할부처와　원인마저 없어지면

자연스레 깨칠법도　없고사람 마저없네

除之　[없앨 제, 그 지]

則須除身　[~하면 즉, 꼭 수, 없앨 제, 몸 신]

除身　[제거할 제, 몸 신]

無佛無因　[없을 무, 부처 불, 없을 무, 원인 인]

無佛　[없을 무, 부처 불]

無因可得　[없을 무, 원인 인, 가할 가, 얻을 득]

自然　[스스로 자, 그럴 연]

無法無人　[없을 무, 법 법, 없을 무, 사람 인]

몸을 정확하게 알아야 한다

번뇌를 없애면 몸에서 자유를 얻나니
몸을 제거하면 부처 이룰 이유가 없다.
이룰 부처도 그 원인도 얻을 수 없으면
자연스레 이루는 법도 이룰 사람도 없다.

삶이 그대로 大道이다. 눈으로 보는 온갖 빛깔과 귀로 듣는 소리이며, 입으로 하는 말과 뜻을 전하는 갖가지 문자가 그대로 大道이다.

일체가 그림자요 메아리라는 비유에서 몸은 그림자이고 마음은 메아리이다. 여기에 무슨 애착과 집착과 고착이 있을까?

그림자 같은 몸을 받을 때 메아리 같은 마음이 따르면서 사람인 나라는 자아가 이루어진다. 몸과 마음은 사람인 나에게 주어진 삶의 도구이며 나에게 주어진 막중한 임무이다.

사람인 내가 몸과 마음을 가지고 잘 살아야 한다. 업 덩어리가 아니라 복덩어리가 되도록 사실을 알고 사실대로 건강하게 살면 된다.

22송

大道不由行得
說行權爲凡愚

밝은도는 수행으로 인하여서 되지않네
행법을설 하는것은 범우위한 방편이라

得理返觀於行
始知枉用功夫

이치알고 돌이켜서 행한법을 관조하면
애를써서 공부한것 그릇됨을 알게되리

大道	[큰 대, 도 도]
不由行得	[아니 불, 연유 유, 행할 행, 얻을 득]
說行	[설할 설, 행할 행]
權爲凡愚	[방편 권, 위할 위, 범부 범, 어리석을 우]

得理	[얻을 득, 이치 이]
返觀於行	[돌이킬 반, 관할 관, ~을 어, 행 행]
始知	[비로소 시, 알 지]
枉用功夫	[그릇될 왕, 쓸 용, 힘쓸 공, 공부 부]

대도는 행을 인하지 않는다

대도는 어떤 행을 통해 얻는 것이 아니니
행을 말하는 것은 범부를 위한 방편이다.
진리를 얻고 돌이켜 행을 관하면
비로소 헛되이 애쓴 공부임을 알리라.

수행은 무엇을 얻거나 무엇이 되기 위해서 하는 것이 아니라 道의 자연스러운 작용이다. 다만 그 작용의 방향을 사람인 내가 주도적으로 바르게 지혜롭게 잡아가는 것이 중요하다.

얻어야 할 도가 있거나 이루어야 할 부처가 있거나 깨닫기를 바라면 벌써 도와는 천리만리 멀어진다. 삶은 어떤 목적지가 정해져 있는 것이 아니다. 지금 바로 이 순간이 삶의 전부임을 알아차려야 한다.

꼭 알아야 할 사실을 모르면 그렇게 살 수도 없다. 그래서 이러한 게송을 자주 읽고 쓰고 가까이 접하면서 스스로가 철저한 검증을 해야 한다. 이미 우리는 大道에 속해 있다.

23송

未悟圓通大理
要須言行相扶

원만하게 소통하는 큰이치를 모른다면
말과수행 서로도와 공부함이 필요하리

不得執他知解
回光返本全無

여타다른 알음알이 집착하려 하지말고
빛을돌려 반본하면 다른경계 전무로다

未悟	[아닐 미, 깨달을 오]
圓通大理	[둥근 원, 통할 통, 큰 대, 이치 리]
要須	[바랄 요, 모름지기 수]
言行相扶	[말씀 언, 행할 행, 서로 상, 도울 부]

不得	[아니 부, 얻을 득]
執他知解	[잡을 집, 저 타, 알음알이 지, 알 해]
回光	[돌이킬 회, 빛 광]
返本全無	[돌이킬 반, 근본 본, 온전 전, 없을 무]

너무 쉽게 여기지 말라

두루 통하는 큰 이치를 아직 모르면
모름지기 말과 행이 서로 돕게 해야 한다.
그러나 알음알이에 너무 집착하지 말지니
빛을 돌려 근본을 비추면 아무것도 없다.

다시 22송의 愚와 夫, 23송의 扶와 無, 24송의 求와 疣, 25송의 流와 憂가 또한 평성으로 같은 운을 이루고 있다.

문자는 道의 표현이라는 말이 있다. 다만 문자가 나에게 와서 나만의 꽃이 되도록 읽고 쓰기를 거듭 반복하는 것이 가장 올바른 道의 작용이라 할 수 있다.

매일 때마다 밥을 먹듯이 부처님 전에 예불을 올리는 모든 행이 자기에게 꽃이 되게 하는 삶이 되어야 한다. 10년 20년을 기한하고 백 번 천 번 반복하는 작용으로 방향을 잡으면 될 일이다.

눈앞에 만반진수가 있어도 입에 넣지 않으면 어찌 배가 부르겠는가?

24송

有誰解會此說
教君向己推求

누가있어 이설법을 이해하고 안단말가
그대에게 이르노니 자길향해 추구하라

自見昔時罪過
除却五欲瘡疣

스스로가 지난날의 죄와과오 돌아보고
오욕으로 입은상처 제거하여 물리치라

有誰 [있을 유, 누구 수]
解會此說 [이해 해, 알 회, 이 차, 밀 설]
教君 [하여금 교, 그대 군]
向己推求 [향할 향, 자기 기, 찾을 추, 구할 구]

自見 [스스로 자, 볼 견]
昔時罪過 [옛 석, 때 시, 죄업 죄, 허물 과]
除却五欲 [제할 제, 버릴 각, 다섯 오, 욕망 욕]
瘡疣 [부스럼 창, 상처 우]

스스로가 결정할 일이다

누가 있어서 이러한 말을 이해하는가?
그대에게 자기를 향해서 추구하라는 것이다.
스스로 지난날의 허물을 바라보고
오욕의 찌든 흔적들을 없애야 한다.

妄情 · 有心 · 作業 · 生死 · 妄身 · 憎愛 · 有無 · 衆生 · 取捨 · 妄心 · 煩惱 · 人法 · 言行 등 내가 하는 모든 행위, 모든 관념, 고착된 견해 그리고 방향 전환이 다 나에게 있다.

수행은 내가 자신을 스스로 修理하고 修善하며, 지난날의 나의 허물을 바라보고, 다섯 가지 본능으로 상처 입은 부스럼이나 종기를 제거해서 물리치는 것이다.

오욕이란 미혹한 마음과 몸이 본능적으로 요구하는 다섯 가지 심리를 말하는 것으로 첫째 재물에 대한 본능적 반응과 둘째 색다른 감각적 본능과 셋째 음식에 대한 무절제한 본능과 넷째 남들에게 인정받고자 하는 명예욕과 다섯째 과다한 수면에 대한 본능을 말한다.

25송

解脫逍遙自在
隨方賤賣風流

해탈하여 얻은자리 소요자재 무진풍광
이곳저곳 다니면서 무한풍류 팔며사네

誰是發心買者
亦得似我無憂

누가있어 마음내어 무한풍광 살려는고
그대또한 나와같이 걱정없음 이루리라

解脫 [풀 해, 벗을 탈]
逍遙自在 [거닐 소, 거닐 요, 자재로울 자, 재]
隨方 [따를 수, 방소 방]
賤賣風流 [천할 천, 팔 매, 바람 풍, 흐를 류]

誰是 [누구 수, 이 시]
發心買者 [발할 발, 마음 심, 살 매, 사람 자]
亦得 [또 역, 얻을 득]
似我無憂 [같을 사, 나 아, 없을 무, 근심할 우]

해탈에는 풍류가 따른다

해탈한 견지에 소요 자재한 삶이여!
곳곳에서 무한풍류를 싸게 팔며 산다.
누가 마음 내어 이 풍류를 사려는가?
그대 역시 나처럼 아무 근심이 없으리라.

본 송은 위의 과정을 일단 맺는 송이다. 여기에 해탈이란 소요 자재한 삶을 말한다. 신라국 원효대사가 오욕으로부터 해탈을 이루고 자유로운 삶을 누렸다고 해서 소요산 자재암이라 한다.

풍류란 선가에서 자주 인용하는 말로 멋진 삶을 말한다. 그림자 같은 몸과 메아리 같은 마음을 알아차리고 오욕의 그물에 걸리지 않으며, 진흙에 물들지 않는 연꽃같이, 그물에 걸리지 않는 바람같이 자유로운 삶을 '소요자재'라 하며, 이것을 풍류 가운데 진정한 풍류라고 한다.

누가 발심하는가? 바로 내가 그 발심의 주인공이다. 삶의 질은 누구도 아닌 내가 스스로 자신을 수리하고, 향상일로의 방향을 묵묵히 가꾸고 키워 가는 것이다. 여기에 고승의 글이 있다.

26송

內見外見總是
佛道魔道俱錯
안을보건 밖을보건 총체적인 악이라면
불도이건 마도이건 모두같이 어긋길뿐

被此二大波旬
便卽厭苦求樂
두가지의 파순에게 휘둘려서 입게되면
문득바로 염고구락 하는마음 내는구나

內見 [안 내, 볼 견]
外見總是 [밖 외, 볼 견, 모을 총, 이 시]
佛道 [부처 불, 도 도]
魔道俱錯 [마귀 마, 도 도, 함께 구, 그르칠 착]

被此 [입을 피, 이 차]
二大波旬 [두 이, 큰 대, 파랑 파, 순]
便卽 [문득 편, 곧 즉]
厭苦求樂 [싫을 염, 고 고, 구할 구, 즐거울 락]

26송

內見外見總惡
佛道魔道俱錯

안을보건 밖을보건 총체적인 악이라면
불도이건 마도이건 모두같이 어긋날뿐

被此二大波旬
便卽厭苦求樂

두가지의 파순에게 휘둘러서 입게되면
문득바로 염고구락 하는마음 내는구나

內見 [안 내, 견해 견]
外見總惡 [밖 외, 견해 견, 모을 총, 악할 악]
佛道 [부처 불, 도 도]
魔道俱錯 [악마 마, 도 도, 함께 구, 그르칠 착]

被此 [입을 피, 이 차]
二大波旬 [두 이, 큰 대, 마왕 파,순]
便卽 [문득 편, 곧 즉]
厭苦求樂 [싫을 염, 고 고, 구할 구, 즐거울 락]

바른 견해가 서야 한다

안의 견해와 밖의 견해가 다 나쁘면
불도와 마도가 함께 잘못될 것이니
이 두 파순에게 시달림을 당하고서
문득 괴로움은 싫어하고 즐거움을 찾게 된다.

본 송의 惡과 錯과 樂, 27송의 著과 薄, 28송의 却과 略, 29송의 酌과 度, 30송의 著과 落이 입성으로 그 운이 모두 같다.

송의 주제가 약간 바뀐 듯 전개된다. '內見'이 불법에 대한 견해라면 '外見'은 외도에 관한 견해이다. 초기 불교의 가르침인 팔정도 가운데 첫 번째가 바른 견해 즉 正見이다.

수행이란 달리 말하면 자신의 견해를 바로 세우는 데에 있다. '佛道'라 해도 견해가 바르지 못하면 마도가 될 수 있고, '魔道'라 해도 그 견해가 올바르면 불도가 된다.

다섯 가지 법신 향의 '해탈지견향'이 바로 양변을 떠난 바른 견해이다.

27송

生死悟本體空
佛魔何處安著

생노사의 근본체가 본래공함 깨달으면
부처이건 마귀이건 어느곳에 붙겠는가

只由妄情分別
前身後身孤薄

단지다만 망정으로 분별함을 말미암아
전신후신 고박하여 무명으로 허덕이네

生死	[나고 죽을 생, 사]
悟本體空	[깨칠 오, 근본 본, 체 공할 공]
佛魔	[부처 불, 마구니 마]
何處安著	[어찌 하, 곳 처, 둘 안, 붙일 착]
只由	[다만 지, 연유할 유]
妄情分別	[거짓 망, 뜻 정, 분별할 분, 별]
前身	[앞 전, 몸 신]
後身孤薄	[뒤 후, 몸 신, 고독할 고, 엷을 박]

생사는 본래 자체가 공하다

생사가 본래 그 자체가 공인 줄 알면
부처건 마구니건 어디에 안착할까?
다만 허망한 정으로 분별하기 때문에
전신과 후신이 보잘것없이 고달프다.

생사만이 아니라 佛과 魔가 모두 본래 공하다. 수행에 있어서 空을 안다는 것은 매우 중요하다. 《반야심경》의 오온개공의 '五蘊'은 일체 모든 것, 심리적인 것이건 물리적인 것을 모두 싸잡아 공이라고 말한 것이다.

空이라는 정의를 명확히 알아야 한다. 공이라는 말은 본래 정해진 그 어떤 공식이나 법칙이 없다는 말이다. 정해진 법칙이 있다면, 그것은 처음부터 정해진 법칙이 없다는 사실만이 있을 뿐이다.

승찬대사 〈신심명〉에도 궁극에는 일정한 궤칙을 두지 않는다고 말하고 있다.

그래서 애초부터 평등한 마음을 올바른 견해라고 잘못 인정하면 망정으로 분별하는 어리석은 행을 면할 수 없다.

28송

輪廻六道不停
結業不能除却

육도윤회 돌고돌아 멈춘적이 있었던가
이미맺은 과보업은 제거할수 없음이라

所以流浪生死
皆由橫生經略

그러므로 생사속에 유랑하며 떠도나니
이는모두 본능따른 계략으로 인함이네

輪廻 [바퀴 윤, 돌 회]
六道不停 [여섯 육, 길 도, 아니 불, 머물 정]
結業 [맺을 결, 업 업]
不能除却 [아니 불, 능할 능, 제할 제, 버릴 각]

所以 [바 소, 써 이]
流浪生死 [흐를 유, 물결 랑, 생사]
皆由 [다 개, 말미암을 유]
橫生經略 [가로 횡, 살 생, 경영할 경, 계략 약]

결정된 업은 없앨 수 없다

여섯 갈래의 윤회를 멈추지 못하고
이미 결정된 업은 없앨 수 없다.
그러므로 나고 죽는 생사에 유랑하나니
모두가 본능에 따라 계략을 내기 때문이다.

점점 중생의 경계에 빠져드는 이치를 사실대로 설명하고 있다. 위에서 정해진 법칙이 없다고 했는데 여기에 정해진 업이란 다시 무엇인가?

정해진 법칙이 없으므로 오만 업식이 가능하며, 업식으로 행하는 천만 가지의 업으로 결정지어지는 행업이 생기는 것이다.

윤회니 결업이니 하는 행업으로 유랑생사하게 되고, 정해진 법칙이 없는 이치를 미혹함으로써 종횡으로 본능에 따라 갖가지 꾀를 내어 스스로 자신을 속박한다.

하지만 정해진 업이라 하더라도 그 보는 관점을 열어놓고 받아 수용하는 해탈한 지견으로 보면 지금 바로 이 순간을 수선할 수 있다.

29송

身本虛無不實
返本是誰斟酌

이육신은 본래부터　허무하고 부실해서
근본이치 돌아보면　누가짐작 하겠는가

有無我自能爲
不勞妄心卜度

있고없는 온갖경계　내스스로 만드나니
수고로이 망심으로　헤아리고 사량말라

身本　[몸 신, 근본 본]
虛無不實　[빌 허, 없을 무, 아니 불, 실할 실]
返本　[돌이킬 반, 근본 본]
是誰斟酌　[이 시, 누구 수, 짐작할 짐, 술잔 작]

有無　[있을 유, 없을 무]
我自能爲　[나 아, 자기 자, 능할 능, 할 위]
不勞　[아니 불, 수고로울 노]
妄心卜度　[거짓 망, 마음 심, 점 복, 헤아릴 탁]

누가 짐작이라도 할까

몸은 본래 허무하여 실답지 못하니
근본으로 돌아가면 누가 짐작이라도 할까?
유니 무니 내가 스스로 만들 뿐이니
허망한 마음으로 애써 꾀를 부리지 말라.

윤회의 업을 짓고 생사에 유랑하며 종횡으로 본능에 따라 온갖 꾀를 내는 것은 본래 공한 그림자 같은 몸을 끔찍이 여기기 때문이다.

무지한 세간의 사람이야 어찌 이런 사실을 알겠는가? 하지만 이미 인천의 스승이 되기 위해 출가 사문에 있으면서 이러한 도리를 모른다면 참으로 안타깝지 않겠는가?

생사와 윤회의 결업을 짓는 것도 나에게 있고, 그 업을 놓아 없애는 것도 나에게 있는 것이니, 진여문의 진심을 찾아 불도의 진정한 길에 들어설 일이지, 생사에 헤매는 망심으로 다시 또 점을 따지고 헤아려[卜度] 삶을 수고로이 하지 말아야 한다.

30송

衆生身同太虛
煩惱何處安著

중생의몸 본디부터 태허처럼 비었거늘
번뇌인들 어느곳에 안착하여 붙겠는가

但無一切希求
煩惱自然消落

다만일체 온갖희구 바라는것 놓는다면
온갖번뇌 자연스레 없는듯이 소락하리

衆生 [어리석을 중, 생]
身同太虛 [몸 신, 같을 동, 클 태, 허공 허]
煩惱 [번뇌로울 번, 뇌]
何處安著 [어디 하, 곳 처, 둘 안, 붙일 착]

但無 [다만 단, 없을 무]
一切希求 [한 일, 모두 체, 바랄 희, 구할 구]
煩惱 [번뇌할 번, 뇌]
自然消落 [자연스레 자, 연, 녹일 소, 떨어질 락]

일체 바라는 마음을 놓아라

중생의 몸은 텅 빈 허공과 같으니
이걸 알면 번뇌가 어느 곳에 안착할까?
다만 일체 바라는 마음만 없으면
온갖 번뇌가 자연스레 사라지리라.

몸을 구성하고 있는 네 가지 요소[四大]를 알아야 한다.

첫째 地大이니 주로 몸의 골격을 이루고 있는 뼈대를 흙의 요소라 한다.

둘째 水大이니 온몸을 구석구석 혈관을 통해서 돌고 있는 혈액이 물의 요소이다.

셋째 火大이니 늘 몸의 온기를 유지해 주는 체온이 바로 불의 요소이다.

넷째 風大이니 몸의 온갖 동작을 가능하게 하는 것이 바람의 요소이다.

바람은 화기를 발생하고 바람이 불을 만나서 수기를 모으고 바람과 불과 물이 모여 흙인 몸을 만들어 낸다. 무언가를 바라는 마음은 본래 갖추어 있는 法財법재를 알지 못하는 빈곤한 심리에서 발생한다.

31송

可笑衆生蠢蠢
各執一般異見

중생들이 꿈틀대며 사는것이 우습구나
각각모두 하나같이 다른견해 집착이라

但欲傍鏊求餅
不解反本觀麵

부침판에 음식이나 구할줄은 알면서도
밀가루로 된이치는 알려하지 않는구나

可笑 [가소로울 가,소]
衆生蠢蠢 [어리석을 중,생 꿈틀거릴 준,준]
各執 [각각 각, 가질 집]
一般異見 [한 일, 가지 반, 다를 이, 견해 견]

但欲 [다만 단, 하고할 욕]
傍鏊求餅 [곁 방, 부침판 오, 구할 구, 떡 병]
不解 [아니 불, 알 해]
反本觀麵 [돌릴 반, 근본 본, 볼 관, 밀가루 면]

중생의 어리석음을 웃다

중생의 꿈틀거리는 어리석음을 웃는다.
제각기 한 가지 다른 견해에 매여 있구나!
다만 부침판 옆에서 빈대떡만 바라볼 뿐
근본으로 돌아가 밀가루를 볼 줄은 모른다.

번뇌라는 말은 앞의 30송에 마지막으로 나오고 이후 송에는 나오지 않는다. 이제 그 주제가 어리석은 중생으로 옮겨온 듯 '蠢蠢준준'이라는 말처럼 고집불통의 무지 속에 갇혀 꿈틀거리는 본능을 알아차리는 지혜를 전한다.

'鏊오'는 빈대떡을 부치는 조리 기구로 몸에 비유하고 '餠병'은 빈대떡으로 몸과 마음으로 짓는 기능에 비유하고 '麵면'은 음식의 주재료로 마음에 비유하였다.

중생은 미혹으로 인해서 그릇 옆에서 나오는 음식에만 집착하여 그릇인 몸과 마음 그리고 몸과 마음으로 짓는 갖가지 행위와 몸과 마음을 가지고 온갖 번뇌와 밝은 보리를 이루는 근본에 대해서는 아득히 모른다.

32송

麵是正邪之本
由人造作百變

밀가루가 정과사의 옳고그름 근본되니
사람들은 이것으로 온갖음식 만든다네

所須任意縱橫
不假偏耽愛戀

뜻에맡겨 종횡으로 온갖것을 만들지만
치우쳐서 탐착하여 애연하지 말지니라

麵是	[밀가루 면, 이 시]
正邪之本	[바를 정, 삿될 사, ~의 지, 근본 본]
由人	[연유할 유, 사람 인]
造作百變	[지을 조,작 일백 백, 변화할 변]

所須	[바 소, 필요할 수]
任意縱橫	[맡길 임, 뜻 의, 세로 종, 가로 횡]
不假	[아니 불, 빌릴 가]
偏耽愛戀	[치우칠 편, 탐할 탐, 애연할 애,연]

탐하고 아끼는 심리를 알라

밀가루는 正과 邪의 근본으로
사람이 천만 가지로 조작하는 것이다.
필요한 것은 뜻대로 종횡으로 만들더라도
치우쳐 탐착하거나 끔찍이 아끼지는 말라.

여기 心인 마음과 身인 몸과 人인 사람이 있다. 마음 안에서 몸을 가지고 사는 주재를 사람이라 한다. 몸은 옷을 입지 않은 알몸이라면 그 위에 옷을 걸치면 사람이 된다.

마음과 몸과 사람은 수행의 주 대상이다. 명확하게 구분해서 마음이건 몸이건 사람을 쓸 줄 아는 눈으로 볼 수 없고 모양으로 표현할 수 없는 주인공이 있다.

'所須' 바라는 것을 '任意' 내 뜻에 맡겨서 '縱橫' 자유자재로 조작하고 '百變' 백 가지로 변화할지라도 그것에 '偏貪' 지나치게 애착해서 탐착하거나 '愛戀' 끔찍이 아끼고 그것에 얽매이지 '不假' 말아야 한다. 心과 身과 人을 종횡으로 다루는 주인공은 무엇일까?

33송

無著卽是解脫
有求又遭羅罥

애착하지 않는다면 그대로가 해탈이나
구하는것 있으면은 다시그물 만나리라

無著 [없을 무, 집착할 착]
卽是解脫 [곧 즉, 이 시, 해탈할 해,탈]
有求 [있을 유, 구할 구]
又遭羅罥 [또 우, 만날 조, 그물 라, 그물 견]

무착인가 유구인가

집착이 없으면 그대로 해탈인데
무엇인가 구하는 것이 있으면
다시 그물에 걸리고 만다.

어떤 삶을 살기를 바라는가? 백 가지 변화로 조작하고 일체 희구하는 심리로 임의 종횡하면서 애연에 치우쳐 탐착하며 '羅罥' 그물 속에서 꿈틀대며 삼계에 왕래하는 삶은 중생의 길이다.

청산은 나를 보고 말없이 살라 하고, 창공은 나를 보고 집착 없이 살라 하네. 탐욕도 벗어놓고 성냄도 벗어놓고 물같이 바람같이 살다가 가라 하네. 산과 물, 허공과 바람 선지식 아닌 것이 없다.

31송의 見과 麵, 32송의 變과 戀, 33송의 罥, 34송의 現과 面이 거성으로 같은 운을 이룬다.

본 송은 앞 32송의 결구로 보아야 한다. 게송을 쉽게 이해하기 위해서 4구씩 묶어 나오다 보니 이렇게 2구가 남는 경우가 있다.

34송

慈心一切平等
眞卽菩提自現

자비로운 마음으로 일체평등 도리알면
참그대로 보리도가 자연스레 나타나리

若懷彼我二心
對面不見佛面

만일다시 나와남의 두마음을 품는다면
눈앞에서 대면해도 부처보질 못하리라

慈心 [자비로울 자, 마음 심]
一切平等 [한 일, 온통 체, 평등할 평, 등]
眞卽 [진실로 진, 곧 즉]
菩提自現 [깨달음 보, 리 스스로 자, 나타날 현]

若懷 [만약 약, 품을 회]
彼我二心 [저 피, 나 아, 둘 이, 마음 심]
對面 [상대할 대, 얼굴 면]
不見佛面 [아니 불, 볼 견, 부처 불, 얼굴 면]

자비로 평등심을 지니라

자비심은 일체 경계에 평등하나니
진실로 깨달음인 보리가 저절로 나타난다.
만약 너니 나니 두 심리를 품으면
부처를 마주 보면서도 보지 못하리라.

계송을 4구씩 나누어 보면 내용을 쉽게 알 수 있는 장점이 있다. 본 송의 경우 1,2구는 순기능으로 표현했다면, 3,4구는 역기능으로 對句를 이루고 있다.

게송에 있어서 전형적인 문장 구성이다. 이러면 이렇겠지만, 이렇지 않으면 이렇지 않을 것이다. 라는 식으로 게송을 쉽게 이해하게 되는 것이다.

大道란 무슨 특별한 초월적 경계를 말하는 것이 아니다. 세상에서 가장 상식적이고 지극히 현실적인 일상의 삶 속에서 조금 좋은 방향으로 남들과 함께하는 것이다.

매일 만나는 대상이 바로 부처이다. 08송 성인을 좋아하거나 범부를 싫어하는 심리가 있거나, 12송 중생이 부처와 다르다는 심리를 가지면 앞에 부처를 두고도 보지 못할 것이다.

35송

世間幾許癡人
將道復欲求道
인간세간 하고많은 어리석은 사람들이
도와함께 살건만은 다시도를 구한다네

廣尋諸義紛紜
自救己身不了
어지러이 온갖의리 널리찾아 헤매지만
제스스로 자기한몸 구원하지 못하도다

世間 [세상 세, 세간 간]
幾許癡人 [몇 기, 쯤 허, 어리석을 치, 사람 인]
將道 [가질 장, 도 도]
復欲求道 [다시 부, 할 욕, 구할 구, 도 도]

廣尋 [넓을 광, 찾을 심]
諸義紛紜 [모두 제, 뜻 의, 어지러울 분,운]
自救 [스스로 자, 구제할 구]
己身不了 [자기 기, 몸 신, 아니 불, 마칠 료]

도를 가지고 도를 구하다

세간에 얼마나 많은 어리석은 사람이
도를 가지고 다시 도를 구하려 한다.
널리 온갖 이론을 찾아 어지러이 헤매지만
스스로 자기 몸을 구할 줄 모른다.

본 송의 道와 了, 36송 好와 37송 惱와 草, 38송 寶와 好, 39송 槁와 小가 상성으로 운이 같다. 게송의 운을 맞추어 보는 것도 글을 즐기는 하나의 맛이다.

聲色 · 妄情 · 煩惱 · 作業 · 生死 · 妄身 · 妄心 · 衆生 그리고 이제 세간의 癡人 즉 어리석은 사람이다.

大道가 눈앞에 있거나 그것을 보지 못하거나 이러한 법문을 만나고도 인정하지 않으려는 심리를 가진 어리석은 사람이 많다.

현대 사회 속에 쏟아져 나오는 자성과는 아무런 관련이 없는 떠도는 무한 정보에 매몰되어, 본래 갖춘 자성의 고요를 누리지 못하는 그래서 자기 자신도 감당하지 못하는 사람들이 있다.

36송

專尋他文亂說
自稱至理妙好

전력으로 남의학문 가져다가 난설하며
스스로가 구경진리 묘호하다 말하지만

徒勞一生虛過
永劫沈淪生死

수고로이 일생동안 허송세월 보내면서
수억겁을 생사속에 빠져들어 돌고도네

專尋 [오로지 전, 찾을 심]
他文亂說 [저 타, 글 문, 어지러울 난, 말 설]
自稱 [스스로 자, 일컬을 칭]
至理妙好 [이를 지, 이치 이, 묘할 묘, 좋을 호]

徒勞 [한갓 도, 수고할 노]
一生虛過 [한 일, 생애 생, 빌 허, 지낼 과]
永劫 [길 영, 겁 겁]
沈淪生死 [잠길 침, 빠질 윤, 날 생, 죽을 사]

일생을 헛되이 보내지 말라

오로지 남의 글과 떠도는 말만을 찾고
스스로 지극한 이치가 좋다고 말하면서
애만 쓸 뿐 일생을 헛되이 허비하며
영원히 생사의 바다에 떠돌아 헤매는구나!

35송에 이어 세간에 많은 어리석은 이들의 일상을 꼬집어 전개하고 있다. 1,600여 년 전에 이런 글이 21세기 현대에도 조금도 틀림없이 꼭 맞는 지혜를 전하고 있다.

道는 천연이며 천진난만 그대로를 말한다. 자재며 자존이며 자유이다. 스스로 있는 것이며 스스로 그 존재 이유를 갖는 것이다.

고요하고 맑고 밝으며 어떤 조건에 의해 있는 것이 아니라 스스로 온전하며, 미묘하고 있는 그대로 좋은 것이다.

어지럽지 않고 그대로가 지극한 이치이며 어떠한 꾸밈도 바라지 않는다. 이러한 道를 지니고 있음에도 불구하고 밖을 향해 끝없이 찾아 헤매는 이를 어리석은 사람이라 한다.

37송

濁愛纏心不捨
清淨智心自惱

혼탁애착 얼킨마음 내려놓지 못하면은
청정지혜 밝은마음 스스로가 번뇌로다

眞如法界叢林
返生荊棘荒草

진여로운 청정법계 녹음방초 총림이여
가시형극 거친잡초 무성하게 자라도다

濁愛 [탁할 탁, 아낄 애]
纏心不捨 [얽을 전, 마음 심, 아니 불, 버릴 사]
淸淨 [깨끗할 청,정]
智心自惱 [지혜 지, 마음 심, 절로 자, 번뇌 뇌]

眞如 [참 진, 진여 여]
法界叢林 [법 법, 법계 계, 모일 총, 총림 림]
返生 [돌이킬 반, 날 생]
荊棘荒草 [가시 형,극 거칠 황, 풀 초]

청정한 지혜 마음을 지키라

탁한 심리에 묶인 마음을 떠나지 못하면
본래 깨끗한 지혜 마음이 피로하게 되니
진여한 법의 세계의 아름다운 숲에
도리어 가시밭과 거친 잡초만 자라난다.

1구의 濁愛纏心과 2구의 淸淨智心이 對句이고, 3구의 法界叢林과 4구의 荊棘荒草가 對句를 이룬다. 총 4구의 게송을 이해하는 공식이 바로 對句를 구별해 보는 것이다.

2구의 청정지심이 3구의 법계총림이라면, 1구의 탁애전심이 4구의 형극황초가 된다.

세속의 애욕이나 애착에 물들고 그것이 청정한 마음을 얽어맨 상태가 바로 탁애전심이고, 청정한 지혜로운 마음이 충만한 곳이 바로 진여한 법계의 총림이다.

고승이 전하는 이런 글을 무조건 어렵다고만 여기면 평생 가도 공부와는 인연이 없을 것이다. 글이란 보는 횟수가 늘어갈수록 익어진다.

38송

但執黃葉爲金
不悟棄金求寶

다만황엽 집착하여　금이라고 여기고서
금버리고 마니보배　깨달을줄 모른다네

所以失念狂走
強力裝持相好

그러므로 정념잃고　미친듯이 내달리며
애를써서 겉치장에　모든힘을 쏟는구나

但執	[다만 단, 집착할 집]
黃葉爲金	[누런 황, 잎 엽, 삼을 위, 금 금]
不悟	[아니 불, 깨달을 오]
棄金求寶	[버릴 기, 금 금, 구할 구, 보배 보]

所以	[바 소, 써 이]
失念狂走	[잃을 실, 생각 념, 비칠 광, 달릴 주]
強力	[애쓸 강, 힘 력]
裝持相好	[꾸밀 장, 가질 지, 모양 상, 좋을 호]

금은 버리고 보배를 구하라

다만 누런 나뭇잎을 황금이라 여기고
금을 버리고 보배를 구할 줄 깨닫지 못한다.
그러므로 정념을 잃고 미쳐 날뛰면서
애를 써서 겉모습 꾸미는 데에만 힘을 쓴다.

누런 나뭇잎을 금이라고 여긴다는 말은 열반경에 나오는 여러 비유 가운데 하나인데, 어리석은 사람이 大道의 자성을 망각하고 밖에서 얻은 지식을 황금처럼 여기는 것을 말한다.

앞의 35송 이하는 세간에 어리석은 이들의 견해에서 있을 수 있는 여러 예를 들어 말세를 깨우는 지혜를 전한다.

인터넷으로 인하여 숱한 지식이 쏟아지는 현실 속에서 法과 魔를 구별하지 못하고 잘못된 지식을 마음속에 보배처럼 여기는 세태가 어디 한둘일까?

그러자니 정념을 잃고 미친 듯이 내달리면서 겉모습만 치장하느라고 온 힘을 쓴다. 미용과 지나친 장엄 불사에 소비되는 재력과 시간을 알아차리지 못하고 경쟁하듯 산다.

39송

口內誦經誦論
心裏尋常枯槁
하루종일 입으로는 경과논을 외우지만
마음속은 언제나늘 메말라서 목이타네

一朝覺本心空
具足眞如不小
하루아침 본래마음 비었음을 깨달으면
불성진여 구족하여 모자람이 없으리라

口內 [입 구, 안 내]
誦經誦論 [욀 송, 경전 경, 욀 송, 논 론]
心裏 [마음 심, 속 리]
尋常枯槁 [일상 심,상, 마를 고, 볏짚 고]

一朝 [한 일, 아침 조]
覺本心空 [깨달을 각, 근본 본, 마음 심, 공 공]
具足 [구족할 구,족]
眞如不小 [참 진, 같을 여, 아니 불, 모자랄 소]

본래 마음은 공한 줄 알라

입속으로는 경을 외우고 논을 읽으나
마음속은 평상시에 늘 메말라 있다.
하루아침에 본래 마음이 공한 줄 깨달으면
본래 완전한 진여를 갖추는 데 부족함이 없다.

경을 읽고 논을 배우느라 동분서주 시간을 소비하지만, 자신의 공부가 충분하지 못하면 그저 말만 배우거나 메마른 지식만 쌓일 뿐이다.

세월이 갈수록 마음속은 허전한 심리에서 채워지지 않는 갈증에 허덕이게 된다. 2구의 '尋常'은 요즘은 거의 쓰이지 않으나 보통 일상사를 말하는 한자어이다.

그런 중에 스스로 공부를 통해 밖에서 채우려는 심리를 알아차리고 본래 내면의 마음은 텅 빈 충만으로 이미 온전한 진여로 되어있는 사실을 깨달으면 조금도 모자람이 없는 대도의 자성을 자각하게 될 것이다.

40송

聲聞心心斷惑
能斷之心是賊
성문들은 마음마다 미혹함이 내려지면
끊으려는 그마음이 도적임을 모르도다

賊賊遮相除遣
何時了本語默
도적들을 번갈아서 제거하고 보내려니
어느시절 본래말이 침묵임을 알겠는가

聲聞 [소리 성, 들을 문]
心心斷惑 [마음 심, 끊을 단, 미혹할 혹]
能斷之心 [능할 능, 끊을 단, ~의 지, 마음 심]
是賊 [이 시, 도적 적]

賊賊 [도적 적 적]
遮相除遣 [가리울 차, 상 상, 제거할 제, 보낼 견]
何時 [어느 하, 때 시]
了本語默 [알 료, 근본 본, 말씀 어, 침묵할 묵]

40송

聲聞心心斷惑
能斷之心是賊

성문들은 마음마다 미혹끊어 내려지만
끊으려는 그마음이 도적임을 모르도다

賊賊遞相除遣
何時了本語默

도적들을 번갈아서 제거하고 보내려니
어느시절 본래말이 침묵임을 알겠는가

聲聞	[소리 성, 들을 문]
心心斷惑	[마음 심,심, 끊을 단, 미혹할 혹]
能斷之心	[능할 능, 끊을 단, ~의 지, 마음 심]
是賊	[이 시, 도적 적]

賊賊	[도적 적,적]
遞相除遣	[갈마들 체,상, 제거할 제, 보낼 견]
何時	[어느 하, 때 시]
了本語默	[알 요, 근본 본, 말씀 어, 침묵 묵]

마음 그것이 도적이다

성문은 마음 마음으로 미혹을 끊지만
능히 끊는 그 마음이 바로 도적이다.
도적과 도적이 번갈아 없애고 보내니
어느 때에 근본인 말과 침묵을 알겠는가?

다시 게송의 주제가 소승인 성문으로 옮겨가며 송의 운이 바뀌었다. 40송의 惑과 敵 그리고 默은 입성으로 아래 45송의 極과 息에 이르기까지 기역[ㄱ]으로 끝나는 같은 운을 이루고 있다.

31송의 衆生, 35송의 세간의 癡人, 본송의 聲聞은 모두 잘못된 공부로 인하여 대도의 자성을 미혹하고 있는 경우를 나열하고 있다.

말세에 대도를 미혹하고 길을 잃고 헤매는 수행인을 위한 노파심에서 여러 가지 병통을 하나하나 일러준다.

성문은 초기 불교를 대표하는 수행인으로 마음의 공한 이치를 아직 모르고, 고집멸도 사제의 진리를 탐구한다. 마음은 본래 공한 것이니 사실 그 작용만 있을 뿐, 마음이라는 실체가 없다. 많은 수행인이 이 마음을 잘못 아는 무지가 있다.

41송

口内誦經千卷
體上問經不識

입으로는 천권의경 읽고외어 있지마는
본체상에 질문하면 전혀알지 못하도다

不解佛法圓通
徒勞尋行數墨

부처님법 원통진리 바로알지 못하고서
줄을찾고 글만세어 헛수고만 하는구나

口內	[입 구, 안 내]
誦經千卷	[욀 송, 경전 경, 일천 천, 책 권]
體上	[본체 체, 위 상]
問經不識	[물을 문, 경전 경, 아니 불, 알 식]

不解	[아니 불, 이해할 해]
佛法圓通	[부처 불, 법 법, 둥글 원, 통할 통]
徒勞	[한갓 도, 수고할 노]
尋行數墨	[찾을 심, 글줄 행, 셀 수, 글자 묵]

불법은 두루 통해 있다

입으로는 천 권의 경전을 읽으나
근본 위에서 물으면 경을 알지 못한다.
불법은 원래 두루 통한 줄 알지 못해
헛되이 글 줄이나 찾고 글자만 헤아린다.

많은 수행인이 거의 마음에 속는다. 마음은 그저 내가 그 기능을 알아 잘 사용하면 될 일인데, 마음이 나를 어떻게 하는 것으로 잘못 알고 있기 때문이다.

마음의 노예가 아니라 마음의 주인이 되라는 말처럼 내가 주인 노릇을 제대로 하지 못하면 마음은 언제나 나를 속인다. 그래서 마음을 도적이라 하는 것이다.

부처님 법은 있는 모든 것에 두루 원만하게 통한다. 계절이 번갈아 바뀌고 꽃은 지고 피며, 불은 뜨겁고 바람은 움직이며, 물은 흐르고 허공은 비어 만물을 포용하고 있다. 시장하면 먹고 피곤하면 누울 줄도 안다. 나아가 스스로 공부할 줄 아는 자각의 보석을 쓸 줄 알아야 한다.

42송

頭陀阿練苦行
希望後身功德

두타행의 적정수행 온갖고행 닦으면서
죽은후에 좋은몸의 공덕만을 희망하네

希望卽是隔聖
大道何由可得

희망으로 바라는것 성인과는 멀어지니
밝은도를 무엇으로 인하여서 얻겠는가

頭陀 [고행 두,타]
阿練苦行 [수행처 아,련, 쓸 고, 행할 행]
希望 [바랄 희,망]
後身功德 [뒤 후, 몸 신, 쌓을 공, 큰 덕]

希望 [바랄 희,망]
卽是隔聖 [곧 즉, 이 시, 간격 격, 성인 성]
大道 [큰 대, 도 도]
何由可得 [어찌 하, 연할 유, 옳을 가, 얻을 득]

희망은 도와는 멀다

두타 고행으로 조용한 곳에서 마음을 모으며
뒤에 받을 몸의 공덕을 희망하지만
희망이 있으면 성인과는 거리가 멀거니
큰 도를 무엇을 인해서 얻을 수 있으랴?

'頭陀'라는 말은 육체적으로 힘든 일을 찾아 행하는 수행을 말하고, '阿練'은 적정처 즉 고요한 곳에서 마음을 모으는 수행을 말한다.

'阿練'은 달리 '阿蘭那아란나'라고 한다. 《금강경》에서 수보리 존자가 阿蘭那行을 좋아하지만 좋아한다는 생각이 전혀 없으므로 세존께서 수보리 존자를 아라한 가운데 제일 으뜸가는 아라한이라 한다는 경문이 있다.

'희망이 없는 인생은 희망이 없다.'라는 세속의 말이 있으나 대도의 자성에서는 바라는 마음이 도리어 도를 장애하는 요인이 된다.

위 30송[71쪽]에 "일체 바라는 마음이 없으면 번뇌는 저절로 사라진다."라는 말씀이 있다.

43송

譬如夢裏度河
船師度過河北
비유하면 꿈속에서 강건너는 것과같아
꿈속에서 뱃사공은 강을건너 갔지마는

忽覺床上安眠
失却度船軌則
홀연문득 침상위에 잠꿈에서 깨어보니
강을건넌 그방법을 잃어버려 알수없네

譬如 [비유할 비, 같을 여]
夢裏度河 [꿈 몽, 속 리, 건널 도, 물 하]
船師 [뱃사공 선,사]
度過河北 [건널 도, 지날 과, 물 하, 북쪽 북]

忽覺 [문득 홀, 깰 각]
床上安眠 [침상 상, 위 상, 편안 안, 수면 면]
失却 [잃어버릴 실,각]
度船軌則 [건널 도, 배 선, 방법 궤,칙]

비유를 가져 예를 들다

비유하면 꿈속에서 강을 건너는 것과 같으니
뱃사공이 강 저쪽으로 건네줬으나
문득 침상에서 단잠을 깨고 나서는
배로 건너는 방법을 모두 잃어버린 경우와 같다.

자기 내면에서 얻은 본래 있는 깨달음이 아니라 밖에서 들어온 지식은 마치 꿈속에서 다른 누가 강을 건너는 방법을 일러주어 잠시 강 북쪽으로 건너기는 하나, 문득 꿈에서 깨고는 강을 건너던 방식을 모두 잃어버린 것과 같다.

사람은 누구나 본래 자신이 타고난 지혜가 있다. 그 지혜를 스스로 자기에서 찾는 사람이 있는가 하면, 뻔히 지혜를 갖고 있으면서도 그 지혜를 밖으로 향해서 채우려는 사람들이 있다.

우선 고승의 이러한 글을 먼저 익히는 것이 좋은 방편이다. 그러자니 문자를 익히고 자주 쓰고 독송하는 기도를 여러 해 반복하다 보면 자기 내면에 있던 지혜가 그 작용을 하게 된다.

44송

船師及彼度人
兩箇本不相識

꿈속에서 뱃사공과 물을건넌 그사람은
둘이서로 본래부터 알지못한 사이라네

船師	[배 선, 뱃사공 사]
及彼度人	[~과 급, 저 피, 건널 도, 사람 인]
兩箇	[둘 량, 낱낱 개]
本不相識	[본래 본, 아니 불, 서로 상, 알 식]

밖에서 온 것은 내가 아니다

뱃사공과 저쪽으로 건너간 사람은
두 사람이 본래 서로 아는 사이가 아니다.

깨달음은 개별적이라는 사실을 알아야 한다. 꿈속에서 천상의 낙을 누리거나 누가 깨달음을 경험하게 해도 나와는 전혀 상관이 없다.

마치 사람이 물을 마시는 것과 같이 마신 사람만이 그 물의 진가를 알 수 있다. 누가 대신 밥을 먹어 줄 수도 없고 단잠을 자 줄 수가 없다.

밖에서 들어온 것은 내 것이 될 수 없다. 내면의 공간을 알아차리고 무엇보다 철저히 자신의 경험을 점검해야 한다. 꿈속에서 만난 뱃사공과 강을 건너는 방법은 꿈속 일이라 깨고 나면 본래 없는 것이다.

고승의 글을 만나서도 거듭 보고 읽고 쓰면서 그것이 내 살이 되고 뇌에 박혀 세포가 되어야 한다. 그것이 밖과 안을 하나 되게 하는 유일한 방편이며 지혜를 이루는 지름길이다.

45송

衆生迷倒羈絆
往來三界疲極

중생들은 뒤집혀서 굴레줄에 얽혀살아
삼계안에 오고가며 피로감이 극함이라

覺悟生死如夢
一切求心自息

생과사가 꿈속같음 밝게알아 깨달으면
일체추구 하는마음 제스스로 쉬어지리

衆生 [미혹한 존재 중,생]
迷倒羈絆 [미혹 미, 넘어질 도, 재갈 기, 줄 반]
往來 [갈 왕, 올 래]
三界疲極 [석 삼, 세계 계, 지칠 피, 극할 극]

覺悟 [깨달을 각,오]
生死如夢 [날 생, 죽을 사, 같을 여, 꿈 몽]
一切 [한 일, 온통 체]
求心自息 [구할 구, 마음 심, 절로 자, 쉴 식]

생사가 본래 꿈인 줄 알라

중생은 미혹으로 전도되어 갇혀있고
삼계에 왕래하느라 피로가 끝이 없다.
나고 죽는 생사가 본래 꿈인 줄 깨달으면
일체 바라는 마음이 저절로 쉬어지리라.

소리와 세간의 온갖 색깔이 그대로 대도요, 오고 가는 중생의 생사가 그대로 열반이며, 없애야 할 번뇌는 그대로 보리인데, 범부 중생은 아득히 모르고 마냥 꿈속에서 미혹되어 뒤집혀 마치 굴레에 얽매인 듯 산다.

탐욕과 분노와 어리석음, 꿈속의 세 가지 심리가 만들어 내는 욕망의 세계인 욕계와 물질의 집착으로 이루어진 색계와 끝까지 무엇이 있을 거라는 착각으로 이루어진 무색계에 오고 가면서 그 피로감이 끝이 없다.

생사가 본래 꿈속임을 깨달아야 한다. 탐욕으로 일어나는 일체 바라는 마음에서 자유로워야 비로소 삼계의 굴레에서 벗어나 현생에 안식을 얻는다. 출가 사문이라면 가능하지 않겠는가?

46송

悟解卽是菩提
了本無有階梯
밝게알아 깨우침이 그대로가 보리이니
근본에는 사다리가 없는줄을 알것이라

堪歎凡夫傴僂
八十不能跋涉
곱사등의 중생범부 허리굽음 탄식하니
팔십나이 되어서도 바로걷지 못하구나

悟解 [깨달을 오, 알 해]
卽是菩提 [곧 즉, 이 시, 깨달음 보,리]
了本 [알 료, 근본 본]
無有階梯 [없을 무, 있을 유, 단계 계,제]

堪歎 [견딜 감,탄]
凡夫傴僂 [무릇 범, 사내 부, 곱사등 구,루]
八十 [여덟 팔, 열 십]
不能跋涉 [불능할 불,능, 밟을거닐 발, 건널 섭]

46송

悟解卽是菩提
了本無有階梯
밝게알아 깨우침이 그대로가 보리이니
근본에는 사다리가 없는줄을 알것이라

勘歎凡夫傴僂
八十不能跋蹄
곱사등의 중생범부 어리석음 탄식하니
팔십나이 되어서도 바로걷지 못하구나

悟解 [깨달을 오, 알 해]
卽是菩提 [곧 즉, 이 시, 깨달음 보,리]
了本 [알 요, 근본 본]
無有階梯 [없을 무, 있을 유, 단계 계,제]

勘歎 [감탄할 감,탄]
凡夫傴僂 [보통 범, 사내 부, 곱사등 구,루]
八十 [여덟 팔, 열 십]
不能跋蹄 [불능할 불,능, 비틀거릴 발, 발꿈치 제]

범부의 어리석음을 탄식하다

밝게 알아 깨우침이 그대로 보리이니
근본을 깨닫고 나면 따로 단계가 없다.
등이 굽은 듯한 범부의 삶을 탄식하니
팔십이 되어서도 제대로 걷지 못하는구나.

본 송은 1구의 提와 2구의 梯와 4구의 蹄가 평성으로 같은 운이다.

잠 못 드는 사람에겐 밤이 길고
피곤한 나그네에겐 가야 할 길이 멀 듯이
진리의 밝은 도를 모르는 사람에겐
생사의 밤길은 참으로 길고도 멀다.

〈법구경〉에 있는 말씀이다. 고승의 이러한 법문을 내 몸에 세포가 되도록 익히고 또 익혀야 한다. 진정으로 알고 사는 삶이 되어야 한다. 알면 바로 보리라 단계가 따로 없다.

마을에 평생 大道와는 거리가 아득히 먼 일상을 보면서 날마다 발심해야 한다. 진리는 멀리 있는 것이 아니라 바로 늘 곁에 있다.

47송

徒勞一生虛過
不覺日月遷移
수고로이 일생동안 할일없이 보내면서
신속하게 가는세월 깨닫지를 못하나니

向上看他師口
恰似失嬭孩兒
위를향해 스승의입 바라고만 있는것이
마치흡사 어미잃은 젖먹이의 아이같네

徒勞	[한갓 도, 수고할 노]
一生虛過	[한 일, 날 생, 빌 허, 보낼 과]
不覺	[아니 불, 깨달을 각]
日月遷移	[세월 일,월, 옮길 천, 옮길 이]

向上	[향할 향, 위 상]
看他師口	[볼 간, 타인 타, 스승 사, 입 구]
恰似	[마치 흡, 같을 사]
失嬭孩兒	[잃을 실, 젖 내, 아이 해, 아이 아]

세월의 신속함을 자각하라

헛수고만 하고 일생을 헛보내면서
신속하게 흐르는 세월을 자각하지 못한다.
위를 향해 마냥 스승의 입만 바라보니
마치 어미 잃은 젖먹이 아기 같구나.

본 송의 移와 兒가 평성으로 같은 운이고, 48송의 語와 49송의 咀와 50송의 女가 상성으로 운이 같다.

45송 부터는 말세에 범부 중생에게 있을 수 있는 어리석은 삶을 꼬집어 수행자의 자각을 깨우는 가르침이라 하겠다.

어쩌면 범부의 삶이 이렇지 않을까 싶다. '徒勞'란 徒는 부질없이, 勞는 수고로이 애만 쓰면서 일생을 헛되이 보내는 것이다.

'日月' 즉 세월이 '遷移' 그 흐름이 너무 쉽게 빠르게 가는 줄 자각하지 못하고 자기 내면의 세계를 뒤로하고 틈만 나면 밖으로 스승을 찾아 그 입만 바라보는 것이 마치 어미를 잃은 젖먹이 어린아이 같다는 것이다.

48송

道俗崢嶸集聚
終日聽他死語
출가인과 속인들이 떼를지어 모여서는
종일내내 다른사람 죽은말만 듣고있네

不觀己身無常
心行貪如狼虎
자기몸이 무상함을 관해보지 못하고서
마음으로 행하는탐 호랑이와 늑대같네

道俗 [수행자 도, 속인 속]
崢嶸集聚 [다툴 쟁,영, 모일 집, 모일 취]
終日 [끝날 종, 날 일]
聽他死語 [들을 청, 타인 타, 죽을 사, 말 어]

不觀 [아니 불, 관할 관]
己身無常 [자기 기, 몸 신, 없을 무, 항상 상]
心行 [마음 심, 행할 행]
貪如狼虎 [탐할 탐, 같을 여, 이리 랑, 범 호]

살아있는 공부를 하라

출가자와 마을 사람이 함께 모여
종일토록 죽은 말만 들으면서
자기 몸이 무상한 줄 관하지 못하고
마음으로 탐하길 이리나 호랑이같이 한다.

'道俗'이란 道는 그래도 전문으로 道를 공부한다는 이들을 말하고, 俗은 속가에 있으면서 道에 관심이 있어서 도량을 찾는 이들을 말한다.

이러한 이들이 '崢嶸쟁영' 앞다투어 모여들어 다른 이의 죽은 말만을 듣는 현상을 꼬집어 말한 것이다.

살아있는 공부란 무엇일까? 먼저 '나'를 야무지게 인식해야 한다. 그 '나'는 마음 안에서 몸을 가지고 머리로 오만 생각을 하고, 입으로는 온갖 말을 하며 몸으로는 갖가지 행동을 하면서 살고 있다는 사실을 명확하게 자각해야 한다.

마음으로 하는 貪 · 瞋 · 痴 세 가지 욕심을 알아차리고, 몸으로 하는 殺 · 盜 · 淫 세 가지 행위를 개선하고 입으로 짓는 구업을 맑혀야 한다.

49송

堪嗟二乘狹劣
要須摧伏六府
감차로다 이승이여 어찌그리 협열한가
쓸데없이 육근작용 최복하길 바라면서

不食酒肉五辛
邪眼看他飮咀
술과고기 경계하며 오신채를 먹지않고
삿된눈에 다른사람 먹고마심 보는구나

堪嗟 [견딜 감, 탄식할 차]
二乘狹劣 [두 이, 수레 승, 좁을 협, 열등할 열]
要須 [바랄 요, 모름지기 수]
摧伏六府 [꺾을 최, 굴할 복, 여섯 육, 장기 부]

不食 [아니 불, 먹을 식]
酒肉五辛 [술 주, 고기 육, 다섯 오, 매울 신]
邪眼 [삿될 사, 눈 안]
看他飮咀 [볼 간, 타인 타, 마실 음, 씹을 저]

자신의 허물을 먼저 보라

참 딱하구나, 이승의 좁은 소견이여!
여섯 감각 기관만 억눌러 꺾으려 한다.
술과 육식 오신채를 먹지 않으면서
삿된 눈으로 남들이 먹는 것을 바라본다.

말세의 여러 가지 '狹劣협열' 좁은 소견과 열등한 의식을 꼬집어 말하고 있을 뿐, 성문이나 연각 이승을 비하하는 말은 아닐 것이다. 행여라도 이런 수행자가 있기도 하겠지만 이런 게송을 통해서 그저 나를 돌아보아야 한다.

'六府'는 여섯 가지 감각 기관인 눈 · 귀 · 코 · 혀 · 몸 · 심리를 말하는 것으로 보고 · 듣고 · 냄새 맡고 · 맛보고 · 감촉하고 · 인식 작용을 하는 六根을 말한다.

'摧伏'은 꺾고 굴복시킨다는 말로 지나치게 몸을 굴복하려는 수행을 말한다. 말세에 있어서 수행은 무엇보다 건강한 수행이라야 한다. 마음의 다양한 심리의 변화를 명쾌하게 파악하고 잘못된 심리에 놀아나지 않아야 할 일이다.

50송

更有邪行猖狂
修氣不食鹽醋

또한다시 사심으로 미친행에 날뛰면서
기수련을 한답시고 소금식초 먹지않네

若悟上乘至眞
不假分別男女

최상승의 지극한도 깨치기를 바란다면
우선먼저 남녀라는 분별심을 내지말라

更有 [다시 갱, 있을 유]
邪行猖狂 [삿될 사, 행할 행, 미쳐날뛸 창,광]
修氣 [닦을 수, 기운 기]
不食鹽醋 [아니 불, 먹을 식, 소금 염, 식초 초]

若悟 [만약 약, 깨달을 오]
上乘至眞 [최상 상, 탈 승, 지극할 지, 참 진]
不假 [아니 불, 빌릴 가]
分別男女 [분별할 분,별, 사내 남, 여자 녀]

최상의 깨달음을 위하여

더욱이 삿된 행위로 어지럽게 날뛰며
기를 닦는다며 소금과 식초도 먹지 않는다.
만약 최상승의 지극한 진리를 깨달으려면
남녀의 지나친 분별심을 내지 말아야 하리라.

1,600여 년 전에 살다 가신 고승의 삶의 현장에서 생각하면 지금과는 격세의 차이가 있을 것이다. 특히 남자와 여자의 성별에 대한 완고한 시대에서 굳이 남녀를 분별하는 심리를 내지 말라는 말씀을 마지막에 두어 게송을 맺는다.

남녀평등이 상식이 된 현대 사회에서 당연한 현상이듯이 대도의 차원에서 어찌 그런 차별이 있을 수 있겠는가?

'不假'라는 말은 02송[12쪽]에 '不假斷除煩惱' 번뇌를 끊어서 제거하려 하지 말라. 32송[74쪽]에 '不假偏耽愛戀' 치우쳐 탐하거나 아껴 그리워하려 하지 말라. 경우처럼, 본 송에 不假分別男女도 남녀를 분별하려 하지 말라. 라고 보아야 한다. 최상승의 지극한 진리를 깨닫고자 한다면 말이다.

맺는말

불교는 다양성의 가르침이다. 일주문 · 불이문을 지나 들어서면 다양한 문화를 만나게 된다. 불교는 긍정성의 가르침이다. 불교 경전에는 부정적인 표현은 거의 없다. 마귀니 사탄이니 지옥 등 겁을 주지 않는다.

불교는 무한 가능성의 가르침이다. 누구나 깨달음을 이룰 수 있으며 누구나 부처님이 될 수 있다. 불교는 자율성의 종교이다. 이상 모든 가능성이 오로지 자신의 자율적 의지에 달려있다.

지금 여기, 나는 때가 이르면 벗어야 할 몸으로 물리적인 삶을 살며, 여섯 가지 대상[六塵]으로 이루어진 마음으로는 심리적인 삶을 살고 있다는 사실을 명확히 알고 있다.

지금 여기, 나는 호흡을 하고 있으며 가슴에 심장이 뛰고 있으며, 나아가 머리로 생각을 하고 있다는 사실을 분명히 안다.

지금 여기, 나는 마음이라는 에너지를 가지고 머리로 오만 생각을 하고 몸으로 온갖 행동을 하며, 입으로 갖가지 말을 하면서 살고 있다는 사실을 또렷이 알고 있다.

지금 여기, 이제 마음이라는 에너지를 가지고 머리와 몸과 입으로 무엇을 할 것인가? 나는 모든 것에서 대도와 함께 노닐며, 나의 배경은 오로지 무한한 자비심과 활짝 열린 가슴과 아름다움을 음미할 줄 아는 알아차림이다.

乙巳年

퇴촌 좋은 도량에서 준 수 識

화장찰해 선 불 장

불교 한자학습 교재

미래는 과거다 / 십심우송 강화
법성의 노래 / 법성게 강화
공성의 미학 / 반야심경 약해
출가의 기쁨 / 순치황제 출가시 주해
자발적 수행 / 자경문 야운 송 주해
적멸의 행복 / 대열반송 및 사구게 주해
특별한 명상 / 화엄경 약찬게
마음 이야기 / 신심명 직설
수행 이야기 / 발심수행장
출가 이야기 / 자은법사 출가잠
초심 지킴이 / 천태원법사 자계
세 가지 행위 / 나는 무엇으로 사는가
세 가지 지혜 / 금강경 위대한 명상
세 가지 보물 / 염불명상
마음으로 돌아가기 / 무상계 과해
나는 왜 사는가 / 천수경 과해
무엇을 어떻게 아는가 / 영가대사 증도가
화엄경 32송 / 부처님 지혜의 힘

지금 여기 대승찬

번역 및 주해 학봉당 준수스님

발행일 2025년 10월
펴낸곳 도서출판 도반
펴낸이 김광호
편집 김광호, 이상미
대표전화 031-983-1285
홈페이지 http://dobanbooks.co.kr
이메일 dobanbooks@naver.com
주소 경기도 김포시 고촌읍 신곡리 1168